INTRODUCTION.

———

A la veille de publier un travail sur la reine Marguerite de Valois, première femme de Henry IV, et notamment sur son séjour en Gascogne, d'après des documents pour la plupart inédits, nous sommes heureux d'en détacher aujourd'hui une liasse fort importante et de l'offrir aux Archives Historiques de la Gascogne. Il s'agit de trente-neuf lettres de la reine de Navarre. Écrites presque toutes de Gascogne, où cette aimable princesse résida de 1578 à 1582, puis de 1583 à 1585, il était juste qu'entièrement inédites, sauf une, elles vissent pour la première fois le jour dans un recueil de cette région. Une autre cause les recommande particulièrement à l'attention de nos lecteurs. Bien que de nationalité française, ces lettres n'appartiennent plus à la France : elles sont, depuis un siècle environ, devenues la propriété de la Russie, où elles dorment paisiblement, loin de la mère-patrie et de leurs charmantes sœurs, dans les riches cartons de la Bibliothèque impériale de Saint-Pétersbourg.

1

On sait, en effet, comment une grande partie de nos Archives nationales sortirent de France au moment de la Révolution et prirent le chemin de l'étranger. Dans ses *Deux années de Mission à Saint-Pétersbourg* ([1]), M. le comte Hector de La Ferrière nous apprend qu'il existait à Paris, peu de temps avant 1789, et remplissant les fonctions de secrétaire de l'ambassade russe, un sieur Pierre Dubrowski, d'une noble famille de Kiew. Très amateur de pièces historiques, ce personnage se mit en rapport avec des littérateurs, des trafiquants de toutes sortes qui lui permirent, à nos dépens, d'enrichir sa collection. La Révolution lui vint en aide. Grâce à cette ère de pillage et de persécution, il put acquérir lui-même, le 14 juillet, de nombreuses liasses de nos archives qui étaient déposées à la Bastille et qui furent jetées des fenêtres sur la place par une population aussi ignorante que stupidement haineuse ([2]). Enfin, il se rendit possesseur, à la même époque, et lors de l'incendie de Saint-Germain des Prés, d'une grande partie des archives de cette antique abbaye. On n'ignore pas qu'entre autres travaux les moines de Saint-Germain avaient, depuis de longues années, entassé à l'ombre de leur cloître les plus précieux documents destinés à une histoire de la Gascogne qui devait faire suite à l'histoire du Languedoc. Cette œuvre allait même être commencée, lorsque tout fut dispersé par la tourmente révolutionnaire. C'est alors que, tandis qu'une portion

---

(1) Paris, Imprimerie impériale, 1867, in-8º.

(2) Voir à cet égard les *Archives de la Bastille*, documents inédits par François Ravaisson, t. I, Introduction.

LETTRES INÉDITES

DE

MARGUERITE DE VALOIS

TIRÉES DE LA

BIBLIOTHÈQUE IMPÉRIALE DE SAINT-PÉTERSBOURG

—

1579-1606

—

PUBLIÉES POUR LA SOCIÉTÉ HISTORIQUE DE GASCOGNE

PAR

PHILIPPE LAUZUN

PARIS	AUCH
HONORÉ CHAMPION	COCHARAUX FRÈRES
ÉDITEUR	IMPRIMEURS
15, quai Malaquais, 15	11, rue de Lorraine, 11

—

M DCCC LXXXVI

ARCHIVES HISTORIQUES

DE LA GASCOGNE

FASCICULE ONZIÈME

LETTRES INÉDITES DE MARGUERITE DE VALOIS

PAR

PHILIPPE LAUZUN

de cette collection parvenait à grand peine à être sauvée pour nous (celle qui constitue aujourd'hui un des plus riches fonds de la Bibliothèque nationale), l'autre était rapidement dirigée sur la Russie.

C'est à M. de Laferrière, envoyé par la sollicitude de l'Empereur Napoléon. III en mission à Saint-Pétersbourg, que nous devons de connaître l'inventaire de cette importante fraction de nos anciennes richesses. C'est lui qui a signalé, pour la première fois, à côté de cinq cents lettres de Catherine de Médicis, de soixante-quatorze de Jeanne d'Albret et d'un grand nombre d'autres pièces relatives aux personnages les plus importants du XVIᵉ siècle, ces lettres inédites de la reine Marguerite de Valois. Dans l'impossibilité où nous nous sommes trouvé de nous transporter actuellement à Saint-Pétersbourg, mais ne voulant pas cependant livrer notre travail à la publicité sans prendre connaissance de ces précieux documents, nous avons manifesté le désir qu'ils nous fussent communiqués. Hâtons-nous de dire que notre demande a été aussitôt favorablement accueillie, et que le gouvernement russe, fort libéral, du reste, pour tout ce qui concerne la transcription de ses archives et de ses manuscrits, s'est empressé, par l'entremise bienveillante de M. le Directeur général de la Bibliothèque impériale de Saint-Pétersbourg, de nous adresser à Paris, à la Bibliothèque nationale, où il a été déposé, le volume tant désiré. Qu'il nous permette de lui adresser ici l'expression de notre plus respectueuse gratitude.

Voici la description fidèle de ce manuscrit :

Coté sous le n° LVII, et non LIII comme l'indique

à plusieurs reprises M. de La Ferrière dans son premier rapport, il est renfermé dans un étui de carton rouge avec couverture de même couleur, portant sur son étiquette la cote et le titre suivant : *Lettres de la propre main Marguerite, reine de Navarre.* Il a 0ᵐ· 25ᶜ· de largeur et 0ᵐ· 40ᶜ· de hauteur. Il est relié en toile d'or; les plats intérieurs sont de cuir de Russie vert, avec ornements dorés; au milieu du premier revers, on lit : *Ex Musœo Petri Dubrowsky;* les deux gardes sont de toile d'argent. Les trente-neuf lettres qu'il contient occupent cinquante-neuf feuillets, et il semble qu'il ait été formé avec des missives détachées d'un manuscrit plus gros et plus complet, dont les numéros auraient été rayés pour être remplacés par les chiffres actuels. Enfin les lettres sont à demi collées sur des feuillets de papier dorés sur tranche; plusieurs feuillets blancs terminent le manuscrit et semblent attendre d'autres lettres semblables à celles-ci.

Nous ne reproduirons pas ici ces trente-neuf lettres de Marguerite dans l'ordre où nous les donne le manuscrit. C'est en effet entièrement au hasard qu'elles y sont insérées. Il nous paraît plus rationnel et plus utile d'adopter l'ordre chronologique, et, les groupant par années, de les présenter suivant la date où elles ont été écrites. Malheureusement six de ces lettres seulement sont datées. Il nous a fallu pour les autres rechercher, soit d'après le corps de la lettre ou les noms qui y sont cités, soit en nous reportant aux événements auxquels il est fait allusion, l'époque probable de leur origine. Mais pour qui connaît les moindres détails de la vie de la reine de Navarre et

qui la suit pas à pas durant tout son séjour dans le
Midi de la France, il est possible d'assigner à ses
missives, sinon une date précise, du moins la période
de l'annnée où cette Reine les a signées. Ce n'est du
reste que dans les notes explicatives, qui les accom-
pagneront, que nous nous permettrons de formuler,
quelquefois même sous toutes réserves, notre opinion
à cet égard, les dates qui se trouveront à la fin de la
la lettre étant les seules inscrites au manuscrit.

Nous indiquerons également, en tête, si chacune
de ces lettres nous paraît être *autographe*, c'est-à-
dire écrite de la main même de la Reine, ou, ce
qui arrivera le plus souvent, *du secrétaire de la
main*. On n'ignore pas, en effet, que Marguerite, qui
écrivait fort mal, employait de nombreux secrétaires
des deux sexes. Or il était déjà, à la fin du xvi° siècle,
assez d'usage que ces secrétaires s'appliquassent à
contrefaire non seulement la signature, mais même
le corps de l'écriture, et cela avec l'autorisation de
leur souverain. Les lettres ci-jointes, qui ressemblent
absolument à toutes celles que nous possédons du
fonds français et de la collection Dupuy, peuvent
être, en partie, autographes; néanmoins nous pensons
qu'on doit les attribuer plutôt à un secrétaire
féminin, à l'écriture assez élégante, au style facile et
coulant. Quelques-unes, administratives ou politiques,
semblent appartenir à une écriture masculine. Enfin,
si sur certaines la reine de Navarre donne sa
signature autographe, sur d'autres, au contraire, elle
se contente de dessiner son monogramme.

Nous avons dit que presque toutes ces lettres,
aujourd'hui reléguées dans les froids climats du Nord,

avaient été écrites en Gascogne, c'est-à-dire à l'époque
la plus heureuse de la vie de Marguerite. Toutes se
rattachent à quelque acte saillant de son orageuse
existence. Elles éclairent, et quelquefois d'un jour
nouveau, bien des faits encore incertains sur lesquels
l'Histoire n'a pas dit son dernier mot. Elles visent,
en les citant, les personnages les plus en vue des
deux cours de France et de Navarre. Elles effleurent
toutes les questions du moment, soit qu'il s'agisse
de faits de guerre, de problèmes politiques à résoudre,
de roueries diplomatiques où cette Reine excellait si
fort, soit que cette dernière se contente d'adresser à
sa mère ou à son frère quelque compliment bien
tourné, une recommandation en faveur d'un de ses
protégés, ou plus souvent, hélas, une demande urgente
de secours pécuniaires. Bref, ces lettres de la reine
Marguerite nous mènent, et cela sans fatigue aucune,
tant les sujets sont variés, du jour où cette princesse
arriva tout insouciante et toute belle sur les rives
de la Baïse, jusqu'au triste moment de son dernier
séjour à Paris, en nous faisant passer par les phases
si curieuses et si diverses de sa vie d'amoureuse et
de femme politique à Nérac, de ligueuse à Agen, de
prisonnière enfin dans les sombres forteresses de
Carlat et d'Usson.

Valence-sur-Baïse, novembre 1885.

LETTRES INÉDITES

DE

MARGUERITE DE VALOIS

TIRÉES DE LA

BIBLIOTHÈQUE IMPÉRIALE DE SAINT-PÉTERSBOURG

I.

[1579.]

N° X du ms., fol. 17 a et 17 b (ancien 89), coupé dans le haut. —
Du secrétaire de la main.

·[A LA REINE-MÈRE].

Madame (1), il n'est ya besoin que je vous ramantoive les bons et sinalés servises que le sieur de Sint-Lhorens (2) a faits au Roi, d'autant que vous estes temoin pour l'avoir veu à l'œil, combien il est afectionné ·au bien de son servise. Si vous puisiés dire,

(1) Cette lettre de la reine Marguerite à la reine Catherine sa mère, ainsi ·que la suivante au Roi son frère, doit avoir été écrite vers la fin de l'année 1579, alors que le but que s'était proposé la Reine-mère, en venant en Gascogne, était atteint, que le pays semblait pacifié par les conférences de Nérac et le traité qui s'ensuivit le 28 février 1579, et que tout pour le moment était joie et fête à la galante cour de Nérac (Voir *Mémoires de Marguerite*, édit. Guessard, p. 163). ·

(2) Il faut lire *Saint-Orens*. Ce Monsieur de Saint-Orens, Sainctorens, Saint-Ourens, etc., était noble François de Cassagnet, de la famille de Tilladet, qui tirait son nom de la seigneurie de Tilladet, en Armagnac, dans la vallée de l'Osse, entre Mouchan et Gondrin. Second fils de Bertrand de Cassagnet et de Marguerite du Bouzet, dame de La Salle de Tilladet, François de Cassagnet est qualifié seigneur de-Saint-Orens et de La Roque, chevalier de l'ordre du Roi, capitaine de cinquante hommes d'armes et sénéchal du Bazadais. D'après Lachesnaye des Bois (t. IV, art. Cassagnet), il testa le 13 avril 1588 et fut inhumé dans la cathédrale de Condom. Il fut marié deux fois et il n'eut que

Madame, que depuis votre partemant de ce lieu (1) il a si bien
continué par bons efets sete bonne afection, tant à establir la
paix qu'à rompre les ligues, qu'il an est digne de toute faveur
et gratification, qui me fait vous suplier très humblemant,
Madame, de l'avoir pour recommandé envers le Roi et fere que
sa pansion de douse cens livres qu'il a acoustumé d'avoir sur
la recete generale de Guienne lui soit continuée, et outre que ce
lui sera obligation et moian de continuer sa bonne volonté à
vostre servise, je reservrai à bien grand heur la faveur qu'il vous
plaira lui departir an cest androit pour vous an randre le très
humble servise que vous doit

Vostre très humble et très obisante servante, fille et sugette,

MARGUERITE.

II.

[1579.]

Nᵒ XXVII du ms., fol. 43 a et 43 b (anc. 116). — *Du secrétaire de la main.*

[AU ROI, SON FRÈRE.]

Monsigneur, le sieur de Sint-Thorens (2) a toujours montré
une devotion singuliere au bien de vostre servise et s'est si

deux filles du premier lit et un fils naturel auquel il légua trois cents écus
et son entretien jusqu'à ce qu'il eût quatre cents écus de rente en bénéfices.
Il est plusieurs fois question de ce François de Cassagnet dans le registre des
Jurades de Condom, pour l'année 1580. Il joua, du reste, dans cette ville,
un rôle fort important pendant toute cette période des guerres de religion (Voir
Archives municipales de Condom. Voir aussi les *Lettres inédites de Marguerite
de Valois*, tirées des Archives municipales de la ville de Condom (1580), que j'ai
publiées dans le t. XXII (1881) de la *Revue de Gascogne*, et où se trouve une
lettre de la reine Marguerite à ce même M. de Saint-Orens, écrite de Nérac,
le 21 avril 1580, par laquelle elle cherche à l'entraîner dans le parti du roi
de Navarre, son mari).

(1) La lettre est écrite de Nérac, que Catherine quitta définitivement le
4 mars 1579 pour se rendre d'abord dans l'Agenais, puis dans le Languedoc
et tout le Midi, et ne rentrer à la Cour que vers la fin de cette année (Voir
Correspondance manuscrite de Catherine de Médicis, Bibl. nat., ancien fonds
français, vol. 3300 et 3319).

(2) Voir la note de la lettre précédente.

vertueusement et dignemant amploié à l'establissemant de la paix et à rompre les ligues de deçà que je puis à bon droit vous randre ce temoignage de lui qu'il est de vos mileurs serviteurs et qu'il merite toute faveur et gratification de Votre Majesté; c'est pourquoi j'ai d'autant plus hardiment entreprins de le vous recommander et vous suplier très humblemant, Monsigneur, que pour lui donner occasion de continuer an ceste bonne volonté, il vous plaise commander que la pansion de douse cens livres qu'il a acoustume de prandre sur la recete generale de Guiene lui soit continuée et qu'il demeure sur l'estat que dressera le sieur de Gourgues de l'année prochaine de la dite recete et outre que ce lui sera toujours plus de moian de vous fere servise, je recevrai à grand honneur la faveur qu'il vous plaira lui fere an cest androit pour vous an randre le très humble servise que je vous dois, de la meme afection que je vous baise très humblemant les mains et prie Dieu, Monsigneur, vous donner très longue et très heureuse vie avec tout l'heur et santé et prosperité que vous desire

Vostre très humble et très obisante servante, seur et sugete,

MARGUERITE.

III.

1579. — 28 DÉCEMBRE.

Nº XXXVI du ms., fol. 54 a (anc. 285). — *Pièce datée et signée.*

[A LA REINE-MÈRE.]

Madame, ceulx de Condom envoyent leurs depputez au Roy, mon seigneur et frere, pour luy faire quelques requestes et remonstrances concernant le bien commun et particulier de ladite ville et des environs, mesmes touchant la restitution et restablissement en icelle du lieutenant general et particulier de ladite ville qu'ils disent leur estre de grande consequence (1). Et

(1) Les précieuses Jurades de la ville de Condom, notamment celle du 8 avril 1580, nous donnent quelques éclaircissements sur le sujet de cette

d'autant, Madame, qu'estant par deçà vous avez bien au long congnu les mauvais deportemens d'aucuns au prejudice de la paix, et d'ailleurs la bonne affection desdits habitans au bien du service du Roy et de vous, Madame; et que m'ayant aussi faict toute demonstration de leur bonne volunté envers moy, je desire qu'il vous plaise de les faire oyr et donner favorable expedition, je vous supplie très humblement, Madame, de les avoir en vostre bonne recommandation, leur faisant cest honneur que de les assister de vostre bonne ayde et faveur à l'endroit du Roy, à ce qu'ilz puissent rapporter de leurs affaires la bonne responce et heureuse yssue qu'ilz en desirent. Et vous les obligerez de plus en plus de continuer en la devotion qu'ilz ont à vostre service et moy de prier Dieu, comme je fais de tout mon cueur, vous donner, Madame, après vous avoir très humblement baisé les mains, en toute perfection de santé, très longue et très heureuse vye.

De Nerac, ce XXVIIIe jour de decembre 1579.

Vostre très humble et très obeisante servante, fille et sugete,

MARGUERITE.

députation envoyée au Roi par la ville, quatre mois auparavant. Il s'était passé de grands désordres à Condom durant le cours de l'année 1579, désordres dont furent victimes Me Jehan Duffranc, lieutenant général, et le sieur Imbert, lieutenant particulier, qui se virent enlever leurs offices par lettres patentes du Roi, sur la demande formelle du président Bousquet; ils furent même exilés de la ville. Une longue enquête s'ensuivit, et, après de nombreux pourparlers qui durèrent toute la première moitié de l'année suivante, la Jurade fut d'avis que ces deux personnages seraient réintégrés dans leurs fonctions et se pourvoiraient, comme ils l'entendraient, par-devant le Roi, afin de pouvoir rentrer dans la ville.

On voit également dans ces Jurades que, dès cette époque (décembre 1579), les consuls et jurats de Condom restent invinciblement liés à la cause du Roi. Aussi est-ce avec raison que Marguerite, qui avait grand intérêt à les ménager, les recommande à sa mère et à son frère comme des plus fidèles et des plus dévoués. Ils lui résistèrent cependant, l'année suivante, assez énergiquement, lorsque la reine de Navarre, ayant embrassé ouvertement la cause de son mari, chercha à se les attirer par ses lettres si engageantes et si diplomatiques. Voir *Lettres inédites de la reine Marguerite de Valois aux consuls de Condom* (1580) que j'ai publiées dans le t. XXII de la *Revue de Gascogne* (1881).

IV.

1579. — 28 DÉCEMBRE.

Nº XXXVII du ms., fol. 55 a (anc. 284). — *Pièce datée et signée.*

[AU ROI, SON FRÈRE.]

Monseigneur, les manans et habitans de Condom en Agenais envoyent leurs depputez vers vous pour vous faire quelques requestes et remonstrances concernens le bien commun de ladite ville et du pays circonvoisin. Et d'autant que j'ay en singulliere recommendation ce qui les touche et concerne, soit en general et en particulier, tant pour les congnoistre fort affectionnez au bien de vostre service et curieux observateurs de voz ecdictz de paix, que pour la demonstration qu'ils m'ont faicte de leur bonne volunté envers moy depuis que je suis par deça et qu'il vous a pleu me delaisser la joissance dudit pays (1), je vous supplie très humblement, Monseigneur, de les voulloir faire ouyr et donner sur leurs plus justes requestes et remonstrances la meilleure et plus favorable expedition qu'ilz en desirent. Et oultre que vous leur donnerez en ce faisant occasion de continuer en la très humble et fidelle obeissance et affection qu'ils vous doibvent, vous m'obligerez de plus en plus à vous rendre le très humble service que vous doibt celle qui, en vous baisant très humblement les mains, prie Dieu vous donner, Monseigneur, en toute perfection de santé très longue et très heureuse vye.

De Nerac, ce xxviiie jour de dec. 1579.

Vostre très humble et très obeisante servante, seur et sugete,

MARGUERITE.

(1) Marguerite fait allusion à la clause de son contrat de mariage modifiée six ans après, le 18 mars 1578, et où, au lieu « desdites soixante sept mille cinq « cens livres de rante qu'elle devoit prandre par chascun an sur lesdites receptes « generales », le Roi « lui baille et cede son domaine d'Agenois, Rouergue, « Quercy et les quatre Jugeries de Verdun, Rieux, Rivière et Albigeois, sises « en la senechaussée de Tholoze, etc. » (Arch. municipales d'Agen, série BB. reg. 33, p. 30).

V.

[1579.]

Nº XXIII du ms., fol. 36 a et 36 b (anc. 109). — *Du secrétaire de la main.*

A LA ROYNE MA DAME ET MÈRE.

. Madame, monsieur · de Piebrac (1) est ancore isi, que g'i ai retenu pour mes aferes qui sont an si mauves estast qui l'ont bien besoin que me fasiés cet honneur de m'i secourir; mes il n'est moins eutile pour le servise du Roi; il fait difiguleté d'antrer dans ce conseil pour ce qui n'i est point nonmé; si vous plaisoit, Madame, par une de vos lettres et du Roy lui conmander de s'au mesler, vous le contanteriés, car il l'an est tout mutiné, et si an retirerés de grans servises an cet androit.

VI.

[1579.]

Nº XXII du ms., fol. 34 a et 34 b (anc. 107) et 35 a et 35 b (anc. 108). —
Du secrétaire de la main.

A LA ROYNE MA DAME ET MÈRE.

Madame, bien que je n'aie ancores seu vostre heureuxse arivée auprès du Roi, si ai se qu'aiant su qu'i parteit de Dolinvile pour aler à Orleans, je panse que soiés à cet heure ansamble (2); de quoi, Madame, avecques vostre permition, j'oseré dire vous

---

(1) Dans cette lettre et les deux qui suivent, il est question de Guy du Faur de Pibrac, qui joua, ainsi qu'on le sait, un rôle important à cette époque dans la vie de la reine Marguerite. Nommé son chancelier dès 1578, et alors que la Reine-mère se trouvait encore en Gascogne, Pibrac, qui s'éprit aussitôt de la beauté de la jeune Reine, resta auprès d'elle jusqu'à la fin de 1579, où il dut rentrer à Paris, rappelé par les devoirs de sa charge de président en la cour du Parlement. C'est l'époque où fut écrite cette lettre. Toute bonne et reconnaissante des services d'argent (bien qu'elle crie misère) que lui avait rendus son chancelier, Marguerite insiste auprès de sa mère pour que le Roi son frère le fasse entrer dans son Conseil privé.

(2) C'est tout à fait à la fin de 1579 que la Reine-mère, de retour de son long voyage dans tout le Midi, rentra par la vallée du Rhône et Lyon à la cour de France. Marguerite, dont l'idée constante est déjà de quitter la Gascogne,

porter un peu d'anvie; mes atantdant que la fortune me fase
jouir d'un pareil heur, je vous·suplie très humblemant, Madame,
ne vous santir inportunée que monsieur de Piebrac vous ramantoive quelque fois cele de toutes vos filles et servantes qui vous
a plus voué d'afection et très humble obeisance, et qu'il vous
plaise, Madame, resevoir l'asuranse qu'il vous fera de ma voulonté
qui ne despandera james que de vos commandemans. Vous savés,
Madame, comme il l'a bien servi le Roi et vous an cete conferanse
et comme dinemant il s'an est aquité an ceste nesgotiation là.
Je vous suplie très humblemant, Madame, ne vouloir ouplier de
le dire au Roi, afin que, comme vous, Madame, çavés mieux que
neule autre ses servises, par vous ausi il an resoive quelque
recompanse. Je luy suis pour mon particulier tant obligé, n'aiant
eu secours despuis si mois pour ma meson que de luy, que je
serois ingrate si je ne m'an revanchois. Je vous suplie donc très
humblemant, Madame, ne vous an tenir inportunée, ni des très
humbles requestes qui vous fera pour mes aferes qui sont an bien
mauvais estat, s'il ne vous plait m'esder, de quoi je ne me desferé
james, esprouvant trop le soin qui vous plait avoir de moi qui
esternelemant demeurerai

Vostre très humble et très obeissante servante, fille et sugete,

MARGUERITE.

VII.
[1580.]

Nº XII du ms., fol. 19 a et 19 b (anc. 91) et fol. 20 a et 20 b (anc. 94). —
Du secrétaire de la main.

AU ROY, MONSIGNEUR ET FRÈRE.

Mon signeur, si mes moiens esgalat ma voulonté pour vous
randre le très humble devoir auquel je is uis obligée, avec plus

envie son bonheur. Elle espère que M. de Pibrac, qui est déjà rentré à Paris,
ne l'oubliera pas auprès d'elle et lui rappellera le mauvais état de ses affaires.
En échange de ses bons et loyaux services, la Reine-mère fera quelque chose
pour lui.

de hardiesse je vous ofrirois avec mon ceur une estrene plus digne de vous (1), Monsigneur, que je suplie très humblemant vouloir resevoir cete si pour temongnage du très humble servise que non seulemant cete année, mes tout le reste de ma vie je vous voue et desdie, vous faisant très humble requeste de vouloir me tant honorer que de prandre l'asuranse de ma fidelité, que j'ai prié monsieur de Piebrac de vous donner et represanter l'afection que j'ai à vostre servise, avec le meme zele qui m'i a connu, ce que je lui escris tousjours de continuer, si le trouvés bon, Monsigneur, et ne vous santés inportuné que je vous sois conme la plus très humble et fidele de toutes vos servantes quelque fois ramantue, et pansant que sa parole vous sera moins annuieux que ma lettre, je m'an remesterè sur luy pour vous baiser an toute humilité très humblemiant les mains.

MARGUERITE (en monogramme).

VIII.
[1580.]

No VI du ms., fol. 11 a et 11 b (anc. 271) et 12 a et 12 b (anc. 274). — *Du secrétaire de la main.*

AU ROI, MON SIGNEUR ET FRÈRE.

Monsigneur, par toutes les lettres dont il vous a pleu m'onorer, je resoi tant d'asurance de vostre bonne grase que je ne puis que m'estimer très heureuse, pour estre la seule felisité à quoi je veux

(1) Cette lettre de Marguerite au roi Henry III son frère a tout l'air d'un compliment de nouvelle année : rien n'y manque, ni les souhaits, ni les vœux, ni même le mot traditionnel d' « estrene ». C'est, du reste, toujours son fidèle serviteur et ami, Pibrac, rentré à la cour du Parlement de Paris dès la fin de 1579, qu'elle charge d'être son intermédiaire auprès du Roi. Tout fait donc supposer que la date de cette lettre ne s'éloigne guère du 1er janvier 1580. On sait que quatre mois après, le 17 avril, Marguerite, toujours à court d'argent, vendit pour 10,000 écus à ce même Pibrac son hôtel de la rue d'Anjou, à Paris (Arch. nat., KK. 166), et que leurs rapports ne commencèrent à se tendre qu'en septembre 1581, pour aboutir, à la suite de correspondances fort curieuses échangées entre eux (voir Guessard, p. 216-279), à une rupture à peu près définitive.

desormes aspirer et rechercher par tous les servises très humbles
que je panseré vous estre agreable, ne dessirant que de vous
pouvoir par esfait temongner ma très humble servitude de laquele
si vous plait m'onorer tant que d'an prandre asurance. Croiés,
je vous suplie très humblemant, Monsigneur, que ma fidelité
respondera à mes paroles. J'ai su par madame d'Usès (1) l'honneur qui vous plait me faire de me vouloir tenir du nombre de
vos très humbles et plus fideles servantes, ce qui ne me peut
acroître la voulonté que j'avois de vous estre tele, mes bien l'asuranse de continuer à vous an randre, Monsigneur, temongnage,
me promectant que les arés agreable et les reseverés selon ma
très humble afection avec laquele je pranderé la hardiese de vous
baiser, Monsigneur, très humblemant les mains.

MARGUERITE (en monogramme).

IX.

[1580.]

N° XIII du ms., fol. 21 a et 21 b (anc. 92). — *Du secrétaire de la main.*

[A LA REINE-MÈRE.]

Madame, n'aiant le bien des aferes de madame la prinsesse
de Navare (2) moins reconmandé que celuy des mienes propres,

(1) Il est difficile d'assigner une date précise à cette simple lettre où Marguerite, comme dans presque toutes celles qu'elle écrivait alors au Roi son frère,
lui renouvelle à chaque phrase ses assurances de reconnaissance, de fidélité,
de dévouement. Ce n'est évidemment que lors de son premier séjour en Gascogne
qu'elle peut écrire à son frère sur ce ton de respectueuse mais franche amitié.
Nous n'en voulons d'autre preuve que le souvenir qu'elle invoque de madame
d'Uzès (Françoise de Clermont, femme de Jacques de Crussol), celle qu'elle
appelait sa *Sibille*, et à qui elle donne tant de preuves de confiance et d'atta-
chement dans les nombreuses et charmantes lettres qu'elle lui écrivait à ce
moment de Gascogne (Voyez Guessard, p. 197 à 215).

(2) Il est impossible de rencontrer quelque part, dans les annales du XVIe siècle,
la charmante figure de Catherine de Bourbon, princesse de Navarre, sans s'arrêter
devant elle et saluer, comme il le convient, cette douce et mélancolique appa-
rition. Plus jeune de cinq ans que Henry IV, la sœur du Béarnais passa presque
toute sa vie au château de Pau, remplaçant son frère, pendant ses multiples
voyages, dans l'administration de son royaume, et se faisant, par sa tolérance

·je n'ai voulu manquer d'aconpagner ce porteur, qui va exprès
pour l'asignation de sa pantion, de cete lettre pour vous suplier
très humblemant, Madame, luy vouloire aider à ce qu'ele obtiene
du Roi ce qu'ele dessire. Je m'asure, Madame, c'outre l'honneur
qui vous a tousjours pleu luy faire de l'aimer et la tenir comme
vostre fille, que l'amitié qu'ele me porte et les bons ofises que
je resois d'ele seront ancores reconnus de vous pour la gratifiér
an ce qu'ele dessire, comme je vous an fais, ma dame, très humble
requeste et avec la mesme afection que si c'etoit pour moi mesme
et m'asurant, ma dame, sur vostre bonté et l'asurans qui vous
a tousjours pleu luy donner de vostre bonne grase; je ne vous
an ferè plus longue suplication, et n'estant cete lettre à autre
fin, après vous avoir, Madame, très humblement baisé les mains,
je prirai Dieu, Madame, vous donner an sant[é] heureuxse et
longue vie.

Vostre très humble et très obeisante servante, fille et sugete,

MARGUERITE.

X.

[1580.]

N⁰ XV du ms., fol. 23 a et 23 b (anc. 95). — *Du secrétaire de la main.*

[AU ROI, SON FRÈRE.]

Monsigneur, estant ce porteur despaiché exprès pour la soli-
titation des aferes de madame la prinsesse de Navarre et princi-

et sa bonté, chérir de tous ses sujets. « La racine de mon amitié sera toujours
« verte pour vous, ma chère sœur », lui écrivait un jour Henry de Navarre
dans son style original. Pourquoi faut-il que la politique l'ait empêché de faire
son bonheur en refusant de consentir à son mariage avec son cousin, l'élégant
comte de Soissons, qui lui avait inspiré une passion profonde à laquelle elle
resta fidèle pendant vingt-cinq ans. Spirituelle, artiste, très versée dans la culture
des lettres, il est tout naturel que cette princesse ait su, dès le premier moment,
s'attirer la sympathie de la reine de Navarre, et qu'elle ait trouvé dans Marguerite
un soutien véritable, toujours prêt à plaider pour elle et à la recommander, comme
dans cette lettre et la suivante, soit auprès de sa mère, soit auprès du Roi son
frère (Voir pour plus amples détails sur *Catherine de Bourbon* l'ouvrage de
Mᵐᵉ la comtesse d'Armaillé).

palemant pour l'asignation de sa pantion (1), j'euse pansé faillir
à mon devoir de ne l'aconpagner de cete lettre qui sera pour
vous suplier très humblémant, Monsigneur, la vouloir an cela
gratifier et me faire cet honneur qu'ele connoise que l'amitié
qu'ele me porte et la bonne voulonté qu'elle me fait connoitre
par tous ses esfais soit estimée et reconnue de vous, selon l'asuranse qui vous plait me donner de vostre bonne grase, de laquele,
bien que j'an aie resu infinies temongnages, cete obligation de
ce qui vous plaira acorder à madame la prinsses cera tinse de
moi au nombre des plus grandes que j'ai resues de vous, Monsigneur, et me fera auguemanter d'autant plus la voulonté que
j'ai et aré toute ma vie de vous estre à jamès très humble et
très fidele servant; de mesme afection, Monsigneur, avec vostre
permission, je vous baiser[é] très humblemant les mains.

MARGUERITE (en monogramme).

XI.

1580. — 3 MARS.

N° XXXVIII du ms., fol. 56 a (anc. 207). — *Pièce datée et signée.*

[AU ROI, SON FRÈRE.]

Monseigneur, j'ay sceu qu'il vous a pleu renvoyer la cause
meue et entantée entre les sieurs du Peuch et de Lair pour raison
du meurtre commis en la personne du filz dudit s^r du Peuch

(1) A la même époque, et très probablement le même jour, le 27 janvier 1580,
le roi de Navarre écrivait de Mazères au roi de France une lettre où il le suppliait
très humblement de les vouloir, sa sœur et lui, « faire tous deux jouyr de pentions
« qu'il a pleu à vos predecesseurs et à vous nous ordonner sur vos finances,
« et dont, quelque poursuite que nous en aions faicte, et nonobstant toutes
« les provisions que vous nous en avez très volontiers accordées, nous n'avons
« que fort peu jouy »... (*Lettres missives*, t. VIII, p. 160 et 161. Lettre prove-
nant de la Bibl. Imp. de Saint-Pétersbourg, ms. 913, n° 41). Même lettre du
roi de Navarre à la Reine-mère, de la même date et du même lieu, afin d'arriver
au même but : même provenance.

par ledit de Lair (1) à la chambre de la justice et de l'Ecdict establie à Paris, comme estant ce faict de la qualité requise pour estre deciddé et jugé en ladite chambre. Neantmoins tant s'en fault que ledit de Lair y veuille subir jugement et se submettre à ce qu'il vous a pleu ordonner, que au contraire il pretend en obtenir remission ou faire evoquer ladite cause en vostre conseil privé. Et pour ce, Monseigneur, que cela contreviendroit à vostre ecdit de paix et d'une trop grande consequence, je vous supplie très humblement de n'accorder ladite permission, ou bien de renvoyer encores ladite cause à ladite chambre de l'ecdict pour y estre jugée et decidée selon droict et justice. En oultre que vous ferez chose digne de vous et conforme à vostre edict; le recepvray à grand honneur et faveur qu'il vous ait pleu donner tel lieu à ma priere que ledit du Peuch qui m'est recommandé de bonne part en reçoive le fruit et bonne yssue qu'il en desire. Et sur ce, en vous baisant très humblement les mains, je prieray

(1) Il faut que cette affaire ait fait bien du bruit à la Cour de Nérac et que le sieur du Peuch ait été un des fidèles du roi de Navarre, puisque ce prince écrivait lui-même, quatre jours après sa femme, la lettre suivante à Henry III pour obtenir la même faveur : « Monseigneur, d'autant que le sieur de Lair « qui a cy-devant tué le filz du sieur du Peuch, poursuict obtenir de vous « remission et icelle faire intheriner en vostre court de Parlement de Paris, « au prejudice de vostre edict qui en atribue la cognoissance à la chambre « d'icelluy, actendu la qualité des parties, je vous ay bien voulu supplier très « humblement, Monsegneur; ne vouloir permectre que ce pauvre père, qui avec « juste occasion poursuict sa partie en justice, soyt traicté par devant aultres « juges que ceux auxquels la congnoissance en appartient, et qu'il vous plaise, « au lieu de la grace qu'elle poursuict, leur commander la prompte et briefve « expedition du faict, qui sera une œuvre charitable et digne de Vostre Magesté, « etc.

« De Nerac, ce VIIᵉ jour de mars 1580.

« Vostre très humble et très obeissant sujet et serviteur,

« HENRY »

M. Guadet, qui, dans le *Supplément des Lettres missives de Henri IV*, t. VIII, p. 174, reproduit cette lettre, émanant, du reste, de la Bibliothèque impériale de Saint-Pétersbourg, ms. 913, n° 47, ne donne aucun autre détail ni sur cette affaire ni sur les qualités des deux personnages en question. Une lettre toute semblable et du même jour fut adressée à la Reine-mère par le roi de Navarre. L'original se trouve dans le même manuscrit.

Dieu vous donner, Monseigneur, en parfaite santé très longue et très heureuse vye.

De Nerac, ce IIIe jours de mars 1580.

Vostre très humble et très obeisante servante, seur et sugete,

MARGUERITE.

_____

XII.

[1580. — AVRIL.]

N° II du ms., fol. 3 a, 3 b (anc. 85) et 4 a, 4 b (anc. 86). —
Du secrétaire de la main.

AU ROY, MON SIGNEUR ET FRÈRE.

Monsigneur, suivant le commandemant que par vos deux lettres il vous a pleu me faire, j'ai fait tout ce que j'ai peu, à l'androit du roi mon mari pour faire reusir la negotiation de monsieur d'Estrese (1) selon vostre voulonté que je dessire plus que chose du monde voir satisfaite an ce qui despant du roi mon mari et de moi. J'espere qu'an ce qui touche le marechal de Biron (2),

(1) Il faut lire « Mónsieur d'Estrossy », qui n'est autre que Philippe Strozzy, seigneur d'Epernay et de Bressuire, né à Venise en 1541, et plus tard colonel général de l'infanterie française, qu'il réorganisa entièrement. Ce Strozzy se trouvait, en effet, en Gascogne en 1580, puisque dans une lettre de Marguerite à M. de Saint-Orens, tirée des Archives municipales de Condom et déjà publiée par nous, elle lui annonce le départ de Nérac pour Agen, au 21 avril de cette même année, de Monsieur Destrossy *(sic)*. Strozzi négociait en ce moment la réconciliation du roi de Navarre avec le maréchal de Biron (Voir à ce sujet deux lettres du maréchal au roi Henry III, datées de Bordeaux les 4 et 9 avril 1580. *Correspondance inédite d'Armand de Gontaut-Biron, maréchal de France*, publiée par M. Edouard de Barthélemy, p. 150, 151 et 152).

(2) Armand de Gontaut-Biron, premier maréchal de France du nom et gouverneur pour le Roi de la province de Guyenne à la place de l'amiral de Villars (1578), eut le grand tort, pendant cette époque si délicate des guerres de religion, où son devoir le forçait de combattre le roi de Navarre, de se faire, par sa rudesse, une ennemie acharnée de la reine Marguerite. Cette princesse ne lui pardonna jamais l'offense qu'il commit envers elle en faisant tirer, en août 1580, lors de l'attaque de Nérac, « sept ou huict volées de canon « dans la ville, dont l'une donna jusques au chasteau » où elle était renfermée (Voir *Mémoires de Marguerite*, éd. Guessard, p. 169). Ainsi qu'on le verra dans

vous an arés, Monsegneur, contantemant, aiant monsieur d'Estrese tant gangné sur le roi mon mari, qui l'a fait condessandre a ce reconsilier avec luy, ce que je n'avois jusques isi peu faire. Je panse, Monsigneur, que cet acort servira infinimant pour establir la paix an ce peis. Quant aux autres particularités, Verac (1) an est si bien instruit, que, pour ne vous importuner de redite, je m'an remesteré sur luy pour vous suplier très humblemant, mon signeur, m'onorer de la continuation de vostre bonne [amitié], et me faire cet honneur de croire que ne commanderés james à personne qui veulle vous randre plus d'aubeisance et très humble servise. An cete voulont[é], je pranderé la hardiese de vous baiser très humblemant les mains.

MARGUERITE (en monogramme).

XIII.

[1580. — AVRIL-MAI.]

Nº XX du ms., fol. 30 a, 30 b (anc. 103) et 31 a, 31 b (anc. 106). — *Du secrétaire de la main.*

A LA ROINE, MA DAME ET MÈRE.

Madame, j'escrits au Roi an faveur de monsieur de Candale, lequel m'a fait antandre come mon sieur le marechal de Biron le veult contrindre d'antretenir garnison dans le chasteau de

les trois lettres suivantes, où il est également question de Biron, elle n'alla jamais jusqu'à imiter la clémence de son mari, qui, tout de suite après la *Guerre des Amoureux*, et comprenant les services que le maréchal pouvait encore lui rendre, se réconcilia avec lui. Nul n'ignore combien dans la suite le maréchal de Biron servit glorieusement et fidèlement le roi de Navarre.

(1) Joachim de Saint-Georges, chevalier de l'ordre du Roi, seigneur de Vérac, baron de Couhé, fils de Gabriel de Saint-Georges et d'Anne d'Oÿron, mort vers 1607. Il est souvent question de ce Vérac dans les divers volumes des *Lettres missives*, notamment dans les t. I et VIII. Henry de Navarre lui confia de très nombreuses et très importantes missions. C'est ainsi qu'il fut envoyé par lui en Languedoc pour faire exécuter l'édit de pacification, une autre fois auprès de Henry III pour lui faire agréer le refus de rendre les places de sûreté (3 mars 1580), etc. Nous le trouvons également à cette époque (25 avril 1580), gentilhomme servant de la reine de Navarre.

Langon (1) et lui nomer gens qui lui soient agreables et à sa devotion, combien que ledit monsieur de Candale an doibve estre responsable suivant les arrests qui ont esté sur se donnés par la court de parlemant de Bordeaus à la poursuite de monsieur de Biron; et par se, Madame, que se seroit revoquer an doute la fidelité dudit sieur de Candales, j'ai prins la hardiesse d'acompaigner de sete letre sele que j'escrits au Roi pour vous suplier très humblemant qu'il vous plese l'avoir an se fet pour recommandé et aussi me fere tant d'honeur et de faveur de moiennér qu'il puisse obtenir, come il desire, une evocation generale de la court de parlemant de Bordeaus an sele de Thoulouse, come la plus proche pour un autre prosès qu'il a pour les peages, auquel beaucoup des prinsipaux ofisiers du Roi ont interest; d'avantaigé, Madame, qu'il soit deschargé de la tutele de madamoisele de Candale, sa niepse (2), an cometant au gouvernemant de ses biens celui qu'ele nomera, estant en age de se fere, à cele fin qu'il ait plus de moien de demeurer près du roi mon mari et de moi, pour antandre et vaquer aux aferes de sa meson, come il a autre fois fet, vous assurant, Madame, que je resevrai à bien grand honneur la faveur qu'an sela il resevra par vostre moian pour vous an randre toute ma vie le très humble servise que vous doibt

Vostre très humble et très obeissante servante, file et sugete,

MARGUERITE.

(1) Ce monsieur de Candalle était François de Foix, comte de Candalle, troisième fils de Gaston de Foix et de Marthe d'Astarac. Devenu plus tard évêque d'Aire, il possédait de nombreuses terres dans le Bordelais et notamment Cadillac. C'est à ce titre que le maréchal de Biron veut le forcer d'entretenir garnison dans le château de Langon, place forte qui, on le sait, était fort recherchée à cette époque par les deux partis ennemis (Voir à cet égard la lettre du roi de Navarre au maréchal de Biron, du 7 avril 1579, publiée par Guadet dans le t. VIII, p. 139, des *Lettres missives*, et sortie également de Pétersbourg. — Voir aussi sur Langon les « *Documents inédits pour servir à l'histoire de l'Agenais*, publiés par notre savant confrère, M. Ph. Tamizey de Larroque, et sur M. de Candale, du même auteur, *Notes et documents inédits pour servir à la biographie de Christophe et de François de Foix-Candalle, évêque d'Aire*). Dans une lettre au roi Henry III, du 8 mai 1580, Biron se félicite de « la « reduction de Langon qui ne nous faict plus de peur ny de mal » (*Corresp. inédite d'Armand de Gontaut-Biron*, p. 161).
(2) Marguerite de Foix-Candalle, la future duchesse d'Épernon.

XIV.

[1580.]

N° VIII du ms., fol. 15 a et 15 b (anc. 261). — *Du secrétaire de la main.*

[A LA REINE-MÈRE.]

Madame, soudin que le roi mon mari sera revenu, je ne fauderé d'aubeir au commandemant qui vous a pleu me faire par vostre derniere lettre touchant M^r le marechal de Biron. J'ai desjà tant fait que le roi mon mari m'a permis de lui parler. J'espere qu'il se poura ausi aconmoder avec lui, prouveu, Madame, qui plaise au Roi et à vous, ma dame, de le tirer d'isi (1), car vous savés que vous les avés une fois acordés (2), ce qui n'aiant peu durer, il seroit à craindre qui tombaset ancore au mesme actidant. Je m'estimeré toujours très heureuxse de pouvoir faire chose qui vous soit agreable, et ne desire une plus grande felisité que de vous pouvoir randre ce très humble servise que je vous dois et que vous observera avec toute fidelité

Vostre très humble et très obeissante servante, fille et sugete,

MARGUERITE.

XV.

[1580.]

N° XXX du ms., fol. 46 a, 46 b (anc. 102) et 47 a et 47 b (anc. 103). — *Du secrétaire de la main.*

AU ROY, MON SIGNEUR ET FRÈRE.

Monsigneur, les divers avis que le roi mon mari a de toux cotés des asanblées qui se font en plusieurs lieux, mesme de cele du

(1) Voir la note de la lettre suivante.
(2) L'accord négocié par Strozzi en avril-mai 1580, voir la lettre XII.

marechal de Biron (1), l'a fait resoudre de vous despaicher, Monsigneur, monsieur du Plaisis (2), pour vous respressanter à queles consequanses teles choses ,pouroit venir. Le roi mon mari n'a voulu, quelques avertisemens qui l'ait eux que c'etoit sur aucunes des niveles de la religion que teles antreprises se faisoit, que de son coté rien se meut, s'asurant bien que teles asanblées ne se font par vostre conmandemant, ni qu'eles ne pouroit estre aprouvées de vous, mon signeur, estant trop prejuditiables à la paix et repos que voulés maintenir en vostre roiaume. C'est desjà la segonde fois que le marechal de Biron l'a voulu convier par tels artifise de ranter aux malheurs pasés qui l'est resolu de fuir plus que la mort, comme il l'a chargé M. du Plesis le vous faire antandre et qu'il n'a autre intantion que de ce conformer à vos conmandemans et voulontés; si ne nous plait, Monsigneur, nous oter cet esperit inquieté, je crains que ce qui n'a peu faire an deux fois, il le fase à la troisieme, car il seme continuelemant des bruis pour nourir les desfianses et faire croire que vous voulés la gaire, disant que l'armée de Daufiné n'est ansanblé que pour venir

(1) Cette lettre politique, véritable diatribe contre le maréchal de Biron, doit avoir été écrite, ainsi du reste que les trois précédentes, vers la fin de l'année 1580 ou le commencement de 1581, alors que le traité de Fleix, signé le 27 novembre, ratifié en décembre et vérifié au Parlement de Paris, le 26 janvier 1581, avait mis fin momentanément aux luttes des deux partis. Le départ du maréchal de Biron, exigé par le roi et la reine de Navarre, était une des clauses essentielles du traité. C'est du reste ce que Marguerite, dans ces deux dernières lettres, ne cesse de demander à sa mère et au Roi son frère, avec une insistance qui n'a d'égale que sa haine contre lui. Biron en effet se vit à cette époque enlever le gouvernement de Guienne, et fut remplacé par le maréchal de Matignon. Quoique ouvertement protégé par la cour de France et notamment par le duc d'Alençon, qui l'attacha plus tard à sa fortune, Armand de Gontaut tomba, en cette année 1581, complétement en disgrâce. Sa misère était telle que, dès le mois de mars 1581, il put à grand peine se procurer cinq cens écus pour aller aux bains soigner ses nombreuses blessures. Puis, quand Monsieur, frère du Roi eut quitté la Guienne « pour rentrer en France » (27 avril 1581), il dut se retirer « en son fier chasteau de Biron », où il passa toute l'année « à soigner sa jambe cassée et ses trois coups d'arquebusade », ne cessant d'implorer la clémence du Roi « lequel il supplioit de ne pas dédaigner ses services et de ne le laisser misérablement s'éteindre en sa maison » (*Archives Historiques de la Gironde*, coll. Delpit).

(2) Philippe Du Plessis-Mornay, né en 1549, mort en 1643, et, dès 1576, administrateur des finances du roi de Navarre et « superintendant de sa maison, aux « gages de mille écus par an ». Véritable chef des protestants dans le midi de la France, il avait été surnommé « le Pape des Huguenots ».

an Languedoc et de Languedoc an Guiene; que l'armée qui se fait du coté d'Overgne pour le mui de Barois est pour se joindre à cele de Dofiné; tous ses bruis imprime[n]t d'estrange soupsons qui disposeroit plusieurs esperis tout autremant que ne le dessireriés; qui me fait vous suplier très humblemant, Monsigneur, i vouloir prouvoir, et aux ligues que l'on dit qui se font sous tels pretexte qui se renouvele[n]t, soit an ce peis et an Provanse et Daufiné, vous ne le devés, ce me semble, nesgliger, car il i a si lontans qui se traine qui lest fort à craindre qui n'esclate[n]t bientost. Je vous suplie très humblemant, Monsigneur, pardonnés au zele de ma très humble afection qui ne me permest vous seler ce que je connois importer tant au bien de vostre servise; la sufisance de monsieur Duplesis m'anpaichera de vous inportuner davantage, et avec vostre permition, je vous baiseré an tout heumilité, Monsigneur, très humblemant les mains.

MARGUERITE (en monogramme).

XVI.

[1581.]

Nº XVII du ms., fol. 26 a, 26 b (anc. 98) et 27 a et 27 b (anc. 102). — *Du secrétaire de la main.*

A LA ROINE, MA DAME ET MÈRE.

Madame, si la jeunesse estoit toujours acompaignée de sagesse et discretion, come il seroit bien nesessaire, on ne la verroit point si souvent se presipiter aus malheurs et inconveniens qui suivent de près sest age non meur, et moins avoir besoin de recourir au remede que la bonté des rois presante à seuls qui ont failli; ainsi qu'il est advenu au sieur de Bonefont, Nicolas de Roquefort (1),

(1) Le ton prétentieux des premières lignes de cette lettre est d'autant plus curieux à observer, que Marguerite, encore jeune et dans tout l'éclat de sa beauté quand elle les écrivait, c'est-à-dire en 1581, était loin de mettre elle-même en pratique ses belles théories sur la sagesse et même la discrétion. Nous trouvons dans un inventaire de la chambre du Roi à Pau, en l'année 1588, sur la liste des gentilshommes servants aux gages de 100 écus-sol et en troisième

gentilhomme servant du roi mon mari. L'ont poussé de trop grande colère à conmetre un meurtre, duquel il ne peult demourer impuni, sans que la bonté du Roi i intervienne au lui an acordant de son propre mouvemant grasse et remission; de laquelle le roi mon mari, madame la prinsesse ma seur, qui l'ont an grande reconmandation, comme j'ai aussi, pour estre gentilhomme de bon lieu, bon catholique et qui a fet baucoup de bons servises au Roi, desirons qu'il soit gratifié. C'est pourquoi j'ai prins la hardiesse de vous suplier très humblemant, Madame, de nous fere tant d'honneur d'assister de vostre bonne faveur les très humbles prieres que nous an fesons au Roi, à se que plus fasilemant il an puisse accorder la grasse de laquelle nous vous an aurons très grande obligation pour vous an randre le très humble servise que nous vous devons et que desire vous rendre toute sa vie

Vostre très humble et très obeissante servante, file et sujete,

MARGUERITE.

XVII.

N° XXI du ms., fol. 32 a (anc. 104) et 33 a (anc. 105). — *Du secrétaire de la main.*

A LA ROINE, MA DAME ET MÈRE.

Madame, le presidant de Rouergue que vous congnoissés et lequel vous m'avés autrefois recommandé, s'an va à la court et à Paris pour quelques siens aferes, et par ce que je l'ai congneu fort homme de bien tèl que vous me l'avés asseuré, je vous suplie très humblemant qu'il vous plaise de l'avoir pour recommandé au

---

ligne, un *sieur de Roquefort*. Il est vraisemblable que ce personnage est le même que celui dont il est question dans cette lettre, et que la demande de Marguerite aura été par suite favorablement accueillie. « Nicolas de Roquefort, « sieur de Bastanés », figure sur la liste des gentilshommes servants du roi de Navarre, en 1580 (*Inventaire de la Chambre des comptes de Pau*, B 2477). Il était fils de Jean de Roquefort, dit de l'Isle ou La Hille, gentilhomme du comté de Foix, marié à demoiselle Quitterie de Tisnés, dame de Bastanès, près Navarrens en Béarn. (*Inventaire des Arch. de Pau*, E 1639, fonds des notaires).

besoin qu'il aura de vostre faveur. Il vous est, Madame, très afectioné serviteur. Je reçois aussi pour mon particulier tout plain de servises de lui, qui me fait vous supler ancores de l'avoir pour recommandé pour augmanter toujours l'obligation que j'ai de demeurer toute ma vie

Vostre très humble et très obeissante fille et servante et sujete,

MARGUERITE.

XVIII.

1581. — 12 MARS.

Nº XXXIX du ms., fol. 57 a et 57 b (anc. 64) et 58 a et 58 b (anc. 69).
Pièce datée et signée. Cachet armorié.

AU ROY, MON SEIGNEUR ET FRÈRE.

Monseigneur, Mᵉ Jehan Melet, l'un de voz conseillers au siege presidial de Nyme a esté depputé de deçà par vos subgectz de la relligion pretendue refformée de vostre pays de Languedoc pour la negotiation de la paix (1), où il a rendu tout le debvoir que l'on pouvoit desirer à vostre service; vostre intention a tousjours esté de bien faire à tous ceulx qui sont poussez de si louable affection. Et comme tel, je pense que selon vostre bonté accoustumée, Vostre Majesté ne reffuzera de le gratiffier d'une survivance de sondit estat pour un sien filz qu'il a nourry et eslevé cappable pour l'exercer, qui sera chose digne de vostre grandeur et qui augmen-

(1) Il s'agit encore ici du traité de Fleix, qui fut signé en Périgord le 26 novembre 1580, dans le château du marquis de Trans, après de longs pourparlers, et où assistèrent tous les députés protestants. De là, la reine de Navarre se transporta dans le Bordelais, où elle séjourna à Cadillac avec tout son train et François d'Alençon, son frère, du 24 janvier 1581 au 16 mars de cette même année. Dans le recueil des *Lettres missives* (t. I, p. 362), Berger de Xivrey a publié une lettre de Henry de Navarre au Roi écrite de Cadillac, le 12 mars 1581, dans le même style que la lettre ci-jointe, et dans laquelle il demande en faveur de « Jehan Mellet, conseiller au siège présidial de Nismes, « et employé très utilement dans les négociations et conférences entre protestants « et catholiques, la survivance de son siège pour son fils ». Cette lettre vient également de la Bibliothèque impériale de Saint-Pétersbourg, ms. 913, lettre 51.

tera au pere et au filz d'aultant la bonne volonté qu'ilz ont à vostre service. Et sur ce, après vous avoir très humblement baisé les mains, je prieray le Createur, vous donner, Monseigneur, en toute parfection de santé ce que plus desirez.

De Cadilhac, ce XII⁰ jour de mars 1581.

Vostre très humble et très obeisante servante, seur et sugete,

MARGUERITE.

XIX.

[1581. — 25 AVRIL.]

Nᵒ V du ms., fol. 9 a et 9 b (anc. 268) et fol. 10 a et 10 b (anc. 269). —
Du secrétaire de la main.

A LA ROINE, MA DAME ET MÈRE.

Madame, s'an retournant René (1), je panserois fallir à mon devoir de laisser perdre cete conmodité sans vous supplier très humblemant, Madame, vouloir prandre asuranse de très humble aubeisance que je vous randeré toute ma vie. Mon frère partira dans deux jours (2), par qui vous sorés, Madame, si particulieremant de l'estast an quoi il laise les aferes de ce peis, que je ne vous an importuneré et vous supliré très humblemant, Madame, me vouloir honorer de vos conmandemans comme ̶s̶u̶a̶b̶e̶

Vostre très humble et très obeissante servante, fille et sugete,

MARGUERITE.

(1) Serait-ce le fameux René, le parfumeur attitré de Catherine de Médicis, que la légende accuse encore d'avoir empoisonné les gants de Jeanne d'Albret?
(2) Une fois les difficultés aplanies en Gascogne, François de Valois, pressé de gagner les Pays-Bas, où l'attendaient dans cette nouvelle campagne de si cruelles désillusions, partit de Coutras, jusqu'où sa sœur l'avait accompagné, le 27 avril 1581 « pour s'en retourner en France » (*Arch. Hist. de la Gironde*, vol. XIII). Dès ce moment, ainsi qu'on le verra du reste dans la lettre suivante, Marguerite n'eut plus qu'un désir : rentrer elle aussi à Paris où se trouvait le beau Chanvallon et quitter le plus vite possible la cour de Nérac. On sait qu'elle ne put le réaliser que l'année suivante, au mois de février 1582.

XX.

[1581. — 26 AVRIL.]

N° IV du ms., fol. 7 a et 7 b (anc. 267), et fol. 8 a et 8 b (anc. 270). —
Du secrétaire de la main.

A LA ROINE, MA DAME ET MÈRE.

Madame, j'anvoie Seguier (1) presant porteur pour mes aferes, et l'honneur qu'il vous a tousjours pleu me faire d'avoir soin de moi comme de vostre creature et très humble servant, me fait vous suplier très humblemant, ma dame, me vouloir aider an ce qui vous suplira de ma part. Mon frère part demain (2); je lui porte une extreme envie qui l'ora de vous baiser les mains, ce que j'espere soudin que la paix sera establie, le roi mon mari s'i disposant; ce qu'attendant, je vous suplie très humblemant m'onoré de vos commandemans et croire que je les exsecuteré avec la fidelité que vous doit

Vostre très humble et très obeisante servante, fille et sugete,

MARGUERITE.

———

XXI.

[1581. — JUIN.]

N° XXVI du ms., fol. 41 a, 41 b (anc. 113) et 42 a, 42 b (anc. 114). —
Du secrétaire de la main.

A LA ROYNE, MA DAME ET MÈRE.

Madame, craingnant qu'estant si eslongnée de vous je ne le sois ausi de vostre souvenanse, j'ai pris la hardiese de vous inportuner de ce mot qui ne sera, Madame, que pour vous suplier

(1) Sans doute Antoine Séguier, fils de Pierre Séguier, né en 1552, mort en 1626, conseiller au Parlement, puis avocat général. Il fut plus tard, sous le règne de Henry IV, ambassadeur de France à Venise.

(2) Cette lettre est donc du 26 avril 1581; voir la note 1 de la lettre précédente.

très humblemant me vouloir tant honorer que de croire que james de neule de vos servantes vous ne reseverés plus d'obeisanse et très humble servise que de moi qui ne dessire vivre que pour vous an randre preuve. Je suis aux bains de Banieres (1) où je suis venue pour voir si me seroit si heureux que de povoir faire par moi oguemanter le nonbre de vos serviteurs : plusieurs s'an sont bien trouvées. Je ne fauderé, Madame, estant de retour à Nesrac, de vous advertir du profit que j'an aré resu. Ce qu'atandant, Madame, je pranderé l'hardiese de vous baiser très humblemant les mains et prier Dieu, Madame, qui vous donne an santé très longue et très heureuxse vie.

Vostre très humble et très obeissante servante, fille et sugete,

MARGUERITE.

(1) Cette lettre a besoin d'un long commentaire. Elle se rapporte à une époque fort pénible pour la reine Marguerite, celle où son mari, la délaissant, « mettait « en désarroy toutes les filles de sa femme ». L'héroïne du jour était la belle et altière Françoise de Montmorency, plus connue sous le nom de *Fosseuse*. Devenue grosse des œuvres du roi de Navarre, celui-ci n'hésita pas à demander à Marguerite, « pour trouver une couverture à sa grossesse », de l'accompagner aux Eaux-Chaudes, en Béarn, dans la jolie vallée d'Ossau. Marguerite s'y refusa d'abord; puis, sur ses vives instances, et par une complaisance qui n'a sa cause que dans l'excuse de ses propres fautes, elle finit par céder. Il fut décidé que le Roi lui-même conduirait sa maîtresse aux Eaux-Chaudes avec deux de ses compagnes, Mlles Le Rebours et Villesavin, et une gouvernante, tandis que la Reine, avec toute la cour, attendrait à Bagnères, en Bigorre. Marguerite partit de Nérac le samedi 3 juin, passa par Eauze, Nogaro, Vic-Bigorre, Tarbes, et n'arriva à Bagnères que le 7 juin au soir. Elle y resta jusqu'au 25, « recevant « tous les jours advis de Rebours, qui estoit une fille corrompue et double..., « que Fosseuse lui faisoit tous les mauvais offices du monde, mesdisant ordi- « nairement d'elle, et se persuadant, si elle avait un fils et qu'elle se peust « desfaire d'elle, d'espouser le Roy son mari, etc ». Et Marguerite ajoute dou- loureusement dans ses Mémoires (éd. Guessard, p. 176) : « Toutesfois, ayant « tousjours fiance en la bonté de Dieu et en celle du Roy mon mary, je passai « le temps de ce séjour de Banière en l'attendant, et versant autant de larmes « qu'eux beuvoient des gouttes des eaues où ils estoient; bien que j'y feusse « accompagnée de toute la noblesse catholique de ce quartier-là, qui mettoit « toute la peine qu'elle pouvoit de me faire oublier mes ennuis ».

XXII.

[1581.]

N° III du ms., fol. 5 b et 5 a (anc. 282) et fol. 6 a et 6 b (anc. 266). — *Du secrétaire de la main.* — (La lettre est collée à rebours).

A LA ROYNE, MA DAME ET MÈRE.

Madame, j'espere que par monsieur de Vileroi (1) vous rese-verés contantemant sur le fait de monsieur de Nevers (2) pour lequel j'ai resu par vostre derniere lettre un commandemant de vous, ma dame, et ausi pour M. le marechal de Biron, conme il le vous fera antandre, qui m'an fera remestre à sa sufisanse pour vous suplier très humblemant de croire qu'ancore que l'exse[c]usion de cete paix s'avanse avec autant de dilijanse que l'on s'i an peut dessirer, qu'ele me sanblera tousjours trop tardive pour l'extreme dessir que j'ai de me revoir près de vous, Madame; car le roi mon mari m'asure de me mener, soudin qu'ele sera exsecutée (3). Cete esperanse m'i fera anploier ancore avec plus d'afection pour an avanser le tans; atandant lequel je vous suplie très humblemant, Madame, me vouloir continuer l'honneur de vostre bonne grase, an laquelle tous ceux qui ont cet honneur

---

(1) Nicolas de Neufville, seigneur de Villeroi, né en 1542, mort en 1617. Il resta, jusqu'à ses derniers jours, l'ami fidèle et le conseiller intime de la reine Marguerite.

(2) Louis de Gonzague, né le 18 septembre 1539, devenu duc de Nevers par son mariage avec Henriette de Clèves; favori de Henry III, il fut, en 1578, le premier chevalier du Saint-Esprit. Il joua un grand rôle en Flandres, où il remporta plusieurs victoires sur les Espagnols, notamment à Saint-Valery, en 1591. S'agit-il ici de sa querelle avec le duc de Montpensier? (*Lettres missives,* t. I, p. 340.) Il n'est pas, d'ailleurs, un fait important, soit militaire, soit diplomatique, de la deuxième moitié du XVIᵉ siècle auquel il n'ait été mêlé.

(3) Cette lettre doit avoir été écrite vers le milieu de l'année 1581, tandis que l'exécution du traité de Fleix soulevait partout des difficultés, et que Marguerite, ainsi, du reste, qu'elle le manifeste si ouvertement dans la lettre précédente, n° XX, poursuit toujours son idée fixe de rentrer à Paris. On se demande dans quel but le roi de Navarre se montra si favorable alors au projet de sa femme, soit qu'il y eût entre eux quelque plan secret, soit plutôt qu'il cherchât à s'en débarrasser afin d'être entièrement libre de ses mouvements. Ce qu'il y a de certain, c'est qu'il entre dans tous les détails intimes de ce voyage, cherchant par les moyens les plus ingénieux à hâter et à faciliter le départ de sa moitié.

de vous estre tels que je vous suis, fonde[n]t l'espoir de leur
bonne fortune, comme mon frère, qui, à cet heure, recourt à
vostre bonté, aiant plus de besoin que jamès de vostre aide et
faveur, à ce qu'il vous plaise disiposer le Roi de le vouloir secourir
an son antreprinse de Flandres (1). Le servise qui luy a fait
isi et qui li continue toux les jours mesrite que le Roi fase
pour lui; et si j'ose dire, que faisant les aferes du Roi, le Roi
lui donne moien de faire les sienes. C'est an vous, Madame, toute
son esperanse. Je vous suplie très humblemant, Madame, lui
vouloir an cesi estre bonne mère, conme à lui et à nous toux
vous l'avés tousjours eté an toutes aucasions. Ce que me promes-
tant de vostre bonté, je ne vous an feré, ma dame, plus longue
inportunité, et après vous avoir très humblemaut baisé les mains,
je prie Dieu, Madame, qui vous donne an santé très heureuxse
et longue vie.

Vostre très humble et très obeissante servante, fille et sugete,

MARGUERITE.

XXIII.

[1581.]

N° XVI du ms., fol. 24 a et 24 b (anc. 96) et 25 a et 25 b (anc. 97). —
Du secrétaire de la main.

AU ROY, MON SIGNEUR ET FRÈRE.

Monsigneur, le roi mon mari aiant esté averti de la prise de
monsieur de Turene (2), de quoi il l'a resu beaucoup de desplaisir,

(1) L'entreprise du duc d'Alençon sur les Flandres, durant ces trois années,
est trop connue pour que nous en résumions ici même les principales phases.
Disons, toutefois, qu'à ce moment, c'est-à-dire dès le départ de Guienne de
Monsieur (avril 1581), Marguerite, dont la vive affection pour lui ne se démentit
jamais, rappelant à sa mère et au Roi les services qu'il rendit lors de la
conclusion de la paix de Fleix, ne cesse d'insister auprès d'eux pour qu'il soit
convenablement soutenu dans une campagne aussi difficile que celle où il vient
de s'engager.
(2) Si le séjour de François de Valois en Gascogne fut utile au roi de
Navarre par la facilité qu'il montra à accorder aux protestants à peu près tout

8

c'est résolu de vous despaicher Constans (1), presant porteur, pour vous suplier très humbleman, Monsigneur, ne le vouloir laiser perdre, bien que sa calité, sa valheur et la voulonté qui l'a de vous faire très humble servise le vous rande asés reconmandé; et les preuves qui l'a randues à cete derniere paix de desirer le bien et le repos de cet estat, ce que M. de Believre (2) et de Vileroi nous avoit temongné, mesrite[n]t bien, Monsigneur, que lui fasiés tant d'honneur d'aider à sa delivranse. Ce sera pour lui acroitere de plus an plus la très humble afection qui l'a à vostre servise, de laquele, si je ne l'an connoisois aconpagné, je vous suplie très humblemant de croire que je ne vous vouderois faire cete très humble suplication an sa faveur; ce qu'esperant, Monsigneur, que ne lui refuserés, n'estant cete letre à autre fin; avec vostre permition, je vous baiseré, Monsigneur, très humblemant.

MARGUERITE (en monogramme).

ce qu'ils réclamaient, il lui fut en revanche fort préjudiciable en lui enlevant un grand nombre de ses meilleurs capitaines qui, mécontents de n'avoir plus à batailler, s'enrôlèrent dans son armée de Flandre. De ce nombre fut le vicomte Henri de Turenne, fils de François de La Tour et d'Éléonore de Montmorency, celui qui passait pour obtenir alors les faveurs de la reine de Navarre, laquelle, en ces douloureuses circonstances pour lui, n'oublia pas « ce grand degouté qui « lui faisoit, disait-elle plaisamment, l'effet de ces gros nuages vides qui n'ont « de l'apparence qu'au dehors ». Aussitôt la *Guerre des Amoureux* terminée, Turenne résolut de quitter la cour de Nérac. Surpris par les Espagnols dans un combat livré près de Cambrai, en avril 1581, et quatre mois par conséquent avant l'heureux coup de main de Monsieur sur cette même ville (17 août 1581), il resta prisonnier pendant près de trois ans et ne put recouvrer sa liberté qu'en payant une rançon de cinquante-trois mille écus. On connaît (B. de Xivrey, t. I, p. 401 et suiv) les deux lettres de Henry de Navarre, l'une du 1er septembre 1581 au roi de France, l'autre du 3 septembre 1582 au duc de Savoie, dans le but d'obtenir d'eux la prompte délivrance de son fidèle Turenne.

(1) Il est question, dans les *Lettres missives*, de ce sieur de Constant, gentilhomme du roi de Navarre, aux gages de huit vingt-six écus-sol, 2 livres tournois, en 1588, et chargé par lui de plusieurs missions diplomatiques. Il dut plus tard faire rentrer la recette du denier à Figeac et dans le Rouergue, etc.

(2) Pomponne de Bellièvre, né en 1529, mort en 1607; il accompagna, de même que Villeroi, François de Valois en Gascogne, à la fin de l'année 1580.

XXIV.

[1581.]

N° XXIV du ms., fol. 37 a, 37 b (anc. 110), 38 a, 38 b (anc. 111). —
Du secrétaire de la main.

A LA REINE, MA DAME ET MÈRE.

Madame, il ne me soroit avenir un plus grand heur que
l'honneur qui vous a pleu me fere par vostre lettre de m'asurer de
la bonne grase du Roi, que je dessire, et la vostre, plus que la
conservation de ma vie. Je vous suplie très humblemant, Madame,
de croire que vous serés toux deux très fidelemant servis de moi
qui ne dessire que de pouvoir vous randre mon très humble
servise agreable et d'avoir l'heur de vous pouvoir temongner
par mes actions combien je vous veux randre, Madame, de très
humble obeisance, m'i connoissant obligée par infinies raisons et
mesme par l'onneur qui vous a pleu me faire de vous estre
anploiée au bien que le Roi m'a fait; ce qui me rant si heureuse de
connoître qu'il vous plaise desgner avoir tant de [cas] de moi,
que je ne panse pas que la fortune me peut plus faire esprouver
des miseres; et ne me veux estudier qu'à vous donner, Madame,
suget de ne regreter les faveurs et honneurs que je resoi de vous,
qui n'estes, Madame, à ce que j'an tans, et à ce qui vous a pleu
m'an escrire, au bout de vos paines, pour le voiage de mon frère,
que Dieu veuille conduire selon vos bons conseilles (1). De moi,
Madame, vous pouvés panser quel annui j'an suporte, estant
pour la distance des lieux, suget à baucoup de faux bruis, et

(1) Cette lettre est évidemment écrite du dernier mois de l'année 1581.
François de Valois est en Flandre, prêt, dit-on, « à donner la bataille ». Est-ce
avant, est-ce après la prise de Cambrai ? On sait en effet que cette ville était
assiégée par Alexandre Farnèse. L'armée française, conduite par Monsieur,
apparut soudain sous les murs de la ville, le 17 août 1581 ; François s'en fit
ouvrir les portes, s'y établit solidement, et délogea le lendemain l'armée
ennemie. Ce brillant fait d'armes n'eut malheureusement pas les conséquences
qu'on en espérait. La saison était avancée, et, au lieu de poursuivre les
Espagnols, Monsieur préféra immobiliser son armée et lui faire prendre ses
quartiers d'hiver. Lui-même quitta les Flandres et traversa le détroit, le
30 octobre, pour aller en sa personne briguer la main de la reine Élisabeth.
Est-ce là le voyage auquel Marguerite fait allusion dans cette lettre ? Nous le
croyons fort.

despuis ouit jours, l'ont tient isi qui l'est prait à donner la
bataille : si vous pouvés destourner ce hasart et que le roi et lui
demeure[n]t contans, nous serons toux bien heureux; c'est de
vous, Madame, et non d'autre qu'i faut atandre ce remesde. Dieu
vous i veuille heureusemant asister, comme il l'a fait an toux vos
autres dessains. Quant aux aferes de desà, rien ne remue et les
choses se contiene[n]t tousjours au mesme estast. Le roi mon
mari dessire fort la venue de ceux que le Roi anvoie pour la
restitution de ses maisons, et pour cele de Perigueux (1). Il l'a
esté extrememant faché de ce qui est avenu à Aurillac, et dessire
que la justise an soit faite; si survient chose digne de vous an
avertir, je ne fauderé à vous l'escrire; et pour ne vous inportuner,
Madame, je vous baiseré très humblemant les mains et prirai
Dieu, Madame, vous donner à santé très heureuxse et longue vie.

Vostre très humble et très obeisante servante, fille et sugete,

MARGUERITE.

XXV.

No IX du ms., fol. 16 a (anc. 254). — *Du secrétaire de la main.*

[A LA REINE-MÈRE.]

Madame, s'en alant Bausanblant (2) pour une afere que
conserne le roi mon mari sous l'asuranse qui vous a pleu me faire
de vouloir favoriser nos afaires, j'ai pris la hardiesse, Madame, de

(1) Quelques mois auparavant, le 26 juillet 1581, les catholiques, rompant
les premiers la trève signée, s'emparèrent brusquement, sous la conduite des
capitaines d'Effieux et de Montardy, de la ville de Périgueux alors au roi de
Navarre. « Ils surprirent cette ville la nuit, nous dit de Thou, et la traitèrent
« avec tant de barbarie, qu'ils semblaient vouloir venger celle que le baron de
« Langoiran y avait exercée six ans auparavant, lorsqu'il se rendit maitre de la
« ville. Le roi de Navarre ayant porté ses plaintes au Roi, il n'en reçut que des
« excuses, etc. ». Le différend fut lent à se régler, puisque à la date de cette
lettre, le roi de Navarre attendait encore satisfaction. Brantôme, Matignon,
Bellièvre y furent successivement employés, et ce ne fut qu'après de longs
pourparlers qu'ils obtinrent une assez forte somme d'argent à titre d'indemnité,
et, en échange de Périgueux, la place forte de Puymirol, en Agenais.

(2) Dans *l'État de la maison du roi de Navarre*, en l'année 1588 (Archives
départementales de Basses-Pyrénées, B. 163), nous trouvons en tête de la liste

vous suplier très humblemant de nous vouloir aider an cete si et acroitre au roi mon mari les infinies aubligations que desjà il vous a, et pour les queles, Madame, luy et moi vous randeront pertuelemant très humble servise, tel que le vous doit

Vostre très humble et très obeisante servante, fille et sugete,

MARGUERITE.

XXVI.

[1581.]

N° VII du ms., fol. 13 a, 13 b (anc. 272) et 14 a, 14 b (anc. 273). — *Du secrétaire de la main.*

AU ROI, MON SIGNEUR ET FRÈRE.

Monsigneur, monsieur de Saint Vincent s'en va pour supplier très humblement Vostre Magesté de voulloir avoir agreable qui jouisse de l'estast que je luy ay, aveque vostre permision, accordé de senechal de Quersi (1), se que je n'eusse faict, si ne le recongnoissois vous estre très affectionné serviteur, et par la priere de mon frere qui me faict vous supplier très humblemant, Monsigneur, de le gratifier en cella, et moy, de l'honneur de vos bonnes grasces; priant Dieu qui m'an rande digne et qui vous doint, Monsigneur, tout/l'heur et contantemant que vous souhaite

Vostre très·humble et très obeisante seur, servante et sugete,

MARGUERITE.

des tailleurs du Roi : *Barthélemy de Lafemas, dit Beausemblant,* aux gages de 10 écus-sol (Voir aussi Bascle de Lagrèze, *Henri IV, sa vie intime*). Valet de chambre de Henry IV, puis contrôleur général du commerce, ce Barthélemy de Laffemas donna dans la suite une vive impulsion à l'agriculture. On a de lui de nombreux ouvrages économiques.

(1) Jean de Morlhon, sieur de Sanvença, de Belcastel et de Joanniès (Cathala-Couture, *Histoire du Quercy*, t. III, p. 233), fut nommé sénéchal du Quercy, en 1581, par la reine Marguerite, en vertu du droit que lui conférait son titre de comtesse d'Agenais, Rouergue, Quercy, etc., qu'elle reçut, le 2 août 1578, en échange de ses 300,000 écus de dot que son frère ne pouvait lui payer. Le sieur de Morlhon succéda au fameux Jean de Vesins, sénéchal du Quercy en 1576, et qui, en mai 1580, défendit si opiniâtrement la ville de Cahors contre Henry de Navarre. Il fut lui-même remplacé, en 1584, par Bertrand Ebrard de Saint-Sulpice, frère de l'évêque de Cahors.

XXVII.

[1581.]

N° **XXIX** du ms., fol. 45 a, 45 b (anc. 101). — *Du secrétaire de la main.*

[AU ROI, SON FRÈRE.]

Monsigneur, s'an retournant Maniquet (1) an Franse, je n'ai voulu laiser paser cete aucasion sans me ramantevoir par cete lettre an votre bonne grase, vous supliant très humblemant, Monsigneur, m'i vouloir continuer comme cele de toute vos servantes qui vous veut randre plus de très humble servise. Le dit (Ma) Maniquet vous fera, Monsigneur, antandre l'estast des aferes de ce peis, à quoi je vous suplie très humblemant de croire que je m'i anploiré pour le bien de vostre servise, an tout ce qui sera de ma puisans, comme je luy ai donné charge vous temongner de ma part, qui m'an fera remestre sur luy, Monsigneur, et vous baiser très humblemant les mains.

MARGUERITE (en monogramme).

XXVIII. \

[1581.]

N° **XVIII** du ms., fol. 28 a (anc. 99). — *Du secrétaire de la main.*

[AU ROI, SON FRÈRE.]

Monsigneur, j'ai su le bien qui vous a pleu me faire, m'aiant acordé un plaset que Maniquet vous a presanté pour moi. Je vous suplie très humblemant, Monsigneur, croire que ne ferés jamès pour personne qui loge moins d'ingratitude dans son âme, ni

---

(1) Maniquet ou Manicquot était le maître-d'hôtel de la reine Marguerite. Dans ses livres de comptes, on voit, en effet, qu'en l'année 1579, 1580, 1581, Hector de Maniquot était maître-d'hôtel de la reine de Navarre, aux gages de 133 écus, 1 livre. A partir de 1582, son nom ne figure plus dans ces précieux registres, mais on y voit, en revanche, un Ludovic de Maniquot, le jeune, écuyer tranchant, aux gages de 100 écus.

qui vous ait voué plus de très humble servitude que moi qui resoi
cete obligation comme un des esfais de l'asuranse de vostre bonne
grase de laquele rien ne peut provenir qui me rande, outre le
devoir naturel, tant à vous, Monsigneur, que l'honneur de m'i
avoir resue et l'asurance qui vous plaît prandre de ma très certene
fidelité, de laquele mes actions et le cours de ma vie seront
temouins pour me randre digne de la continuation de cete felisité
qui limitera mes ans, ne la voulant survivre. An cete veritable
resolution, je vous baise, Monsigneur, très humblemant les
mains (1).

MARGUERITE (en monogramme).

(P.-S. en marge). — Je ne vousdrois omestre, Monsigneur,
à vous remertier très humblemant de ce qui vous a pleu faire
pour me paier l'esveché de Condon (2). Ce qui me l'a fait baller,

(1) Cette lettre, des derniers jours de 1581, est le complément de la précédente.
Par l'intermédiaire de Maniquet, Marguerite a obtenu ce qu'elle désire si fort
depuis plus d'un an, c'est-à-dire de l'argent pour régler ses affaires et surtout
l'autorisation de venir à Paris. Aussi est-ce avec effusion qu'elle remercie le
Roi son frère. Ce passage de ses Mémoires achève, du reste, d'éclaircir cette
situation : « A quoy, pour parvenir, le Roy me fit écrire par la Royne ma mère
« qu'elle desiroit me voir ; que c'estoit trop d'avoir esté cinq ou six ans esloignée
« d'elle; qu'il estoit temps que je fisse un voyage à la Cour... Le Roy m'escrivit
« le semblable, et m'envoyant Maniquet qui estoit mon maistre d'hostel pour
« m'y persuader...; il me trouva lors plus aisée à recepvoir ce conseil, pour le
« mescontentement que j'avois à cause de Fosseuse, luy en ayant donné advis
« à la Cour. Le Roy et la Royne m'escrivent encore deux ou trois fois coup sur
« coup et me font delivrer quinze *mil* escus (Var. *cent*), afin que l'incommodité
« ne me retardast » (*Mém. de Marg.*, éd. Guessard, p. 181). C'est là, sans doute,
le prix de l'évêché de Condom, dont il est question dans le post-scriptum.
(2) Disons, à ce sujet, qu'il résulte des Archives de Condom et des minutieuses
recherches que notre savant compatriote M. J. Gardère y a bien voulu faire pour
nous, que l'évêché de Condom devint précisément vacant en ce temps-là par la
mort du titulaire, Jean de Monluc, qui arriva, le 6 août 1581, à quatre heures
du soir, et non à la fin de janvier 1582, comme le dit dans son supplément à
l'*Histoire de la Gascogne*, p. 571, le chanoine Monlezun. Le lendemain, les
consuls annoncent cet événement à la jurade et remontrent « qu'ils ont entendeu
« qu'il y aura divorse entre aulcuns prethendans sur l'evesché et que sur l'ombre
« dud. evesché la présente ville pourroyt estre surprinse par les ennemis d'icelle,
« pillée et sacquagée, etc. » D'un autre côté, quelque temps avant sa mort,
Jean de Monluc avait résigné l'évêché en faveur de son vicaire général, Jean
Duchemin, moyennant une pension de 9,000 livres; mais il mourut avant que
son successeur eût reçu ses bulles. Le Roi, prétendant alors que l'évêché était

à Mr de Lectoure (1), c'est qui m'aconmode de quelques bene-fises des siens qui me sont plus propres pour des pansions que j'avai de lontans promis à aucuns de mes jans. Il n'est point heughenot et i n'a cete derniere gaire porté les armes.

———

XXIX.

N° XIX du ms., fol. 29 a (anc. 30, plus anc. 101).

Lettre disparue : il n'en est resté que la suscription :

A LA ROYNE, MADAME ET MÈRE.

Un secrétaire a ajouté :

LA ROYNE DE NAVARRE.

Pour M. du Plessis.

———

XXX.
[1583?]

N° I du ms., fol. 1 a, et 1 b (anc. 416) et 2 a et 2 b (anc. 417). — *Du secrétaire de la main.*
(Date mise sur la lettre postérieurement : 1586).

A LA ROYNE, MA DAME ET MÈRE.

Madame, puisque l'infortune de mon sort m'a resduite à telle misere que je ne suis si heureuxse que dessiriés la conservation

vacant purement et simplement par le décès de Monluc, nomma directement son chancelier Birague, qui, trouvant l'évêché trop éloigné, s'entendit avec Duchemin moyennant une modique pension. Mais ce qui nous porte à croire que, durant tous ces pourparlers, Marguerite put bien, elle aussi, de par la faveur de son frère, jouir quelque temps de l'évêché de Condom, c'est que Duchemin eut ses bulles datées du 6 du mois de juillet 1581, mais qu'il ne prit définitivement possession de son évêché que dix-huit mois plus tard, le 22 janvier 1583.

(1) L'évêque de Lectoure était, à cette époque, Charles, fils naturel du roi Antoine de Bourbon et de Louise de la Béraudière. L'abbé Monlezun dit de lui, à la page 567 de son supplément, « qu'il avait une très belle écurie, une meute « nombreuse, et qu'il se montrait assez libéral à la noblesse qui le venait voir, , « lui faisant chère ».

de ma vie, o moins, Madame, pui je esperer que vous la vouderés de mon honneur pour estre telemant uni avec le vostre et celui de tous ceux et celes à qui j'ai cet honneur d'apartenir que je ne puis resevoir de honte qui n'an soit partisipans, prinsipalement mes niepses, au prejudise desquelles le deshonneur que l'on me vouderoit procurer inporteroit plus qu'à neul autre; qui me fait, Madame, vous suplier très humblemant an cete consideration ne vouloir permestre que le pretexte de ma mort se pregne au despans de mon honneur et reputasion; et vouloir tant faire, non pour moi mes pour tous ceux à qui je touche de si près, de tenir la main que mon honneur soit justifié et qu'il vous plaise, Madame, ausi que j'aie quelque dame de calité et digne de foi qui puise durant ma vie tesmongner l'estat an quoi je suis, et qui après ma mort asiste quant l'on m'ouverira, pour pouvoir, par la connoissanse de cete derniere imposture, faire connoître à un chacun le tort que l'on m'a fait par si d'avant. Je ne dis cesi, Madame, pour retarder l'exsecusion de l'intansion de mes ennemis, et ne faut qui craingne[n]t que pour cela il leur manque pretexte pour me faire mourir; car si je resois cete grase de vous, Madame, j'escrirai et sineré tout ce que l'on voudera invanter sur autre suget pour servir à cet esfait; lequel avenant, je vous suplie très humblemant vouloir avoir pitié de mes pauvres ofisiers qui, pour la nesesité où l'on m'a tenue depuis beaucoup d'années, n'ont peu estre poiés. Je sai que n'i a rien plus desagreable à Dieu que de retenir le salaire des serviteurs. Je panserois anporter cela sur ma consianse, qui me fait, Madame, vous an faire cete très humble requeste pour la derniere que je croi, Madame, que vous reseverès de

Vostre très humble et très obeisante servante, fille et sugete,,

MARGUERITE (1).

(1) Cette lettre, si remarquable à tant d'égards, est une des plus dignes et en même temps des plus douloureuses de toutes celles qu'ait écrites la reine de Navarre. Il nous est toutefois fort difficile de lui attribuer une date précise. Depuis son voyage à la cour (1582-83), il arriva tant de malheurs à Marguerite que cette missive semble pouvoir se rattacher à plusieurs époques. Deux faits, néanmoins, dominent, entre lesquels nous hésitons encore. L'un est l'affront sanglant que lui fit son frère, le roi de France, lorsque le 8 août 1583 il la

XXXI.

Nº XXV du ms., fol. 39 a et 39 b (anc. 112) et 40 a et 40 b (anc. 115). — *Du secrétaire de la main.*

AU ROY, MON SIGNEUR ET FRÈRE.

Monsigneur, neul plus que moi ne peut temongner ce qu'il vous plait me represanter par vostre lettre, de vostre bon naturel et peu d'ingratitude à l'androit de ceux qui vous plait honorer de vostre bonne grase, aiant ases reconnu en vous, Monsigneur, cete

chassa brutalement de la Cour, et, le lendemain, la fit arrêter près de Palaiseau avec ses deux dames d'honneur, mesdames de Duras et de Béthune. L'autre est sa fuite précipitée d'Agen, en septembre 1585, et la série de malheurs qui, depuis, s'abattirent sur elle. Dans son volume *Trois Amoureuses au XVIᵉ siècle*, p. 218, M. H. de La Ferrière, qui a publié seulement la première moitié de cette lettre, n'hésite pas à la dater de Vendôme, où, d'après lui, se serait réfugiée Marguerite, et à la rattacher à l'insulte de 1583. Il ne donne à l'appui de sa thèse d'autre document et n'indique d'autre source qu'une lettre de Busini à Vinta (*Négoc. diplom. avec la Toscane*, t. IV, p. 469), où il est dit que la Reine est en Touraine. Nous pouvons affirmer, ses livres de comptes à la main, où est relaté jour par jour l'itinéraire de ce pénible voyage, qu'elle ne s'arrêta nullement à Vendôme et qu'elle passa successivement, à partir du 19 août, par Chartres, Iliers, Dangeau, Chateaudun, La Ferté, Marchenoir, Blois, Amboise, Chenonceaux et Plessis-les-Tours, où elle arriva le 26 août et y demeura jusqu'au 31 pour gagner Poitiers et de là les Charentes et le Bordelais. N'est-il pas étonnant, également, qu'après les dix-huit mois continus qu'elle vient de passer à la Cour auprès de sa mère, elle choisisse précisément ce cruel moment de sa détresse pour se souvenir de la solde de « ses pauvres offisiers, « qui, pour la nesesité où l'on m'a tenue despuis beaucoup d'années, n'ont peu « estre poiés », et faire appel à la générosité de sa mère? Ce triste récit de sa misère et de son désespoir ne s'appliquerait-il pas aussi bien à ses déboires de 1585? Enfin, quelle est la main qui, sur cette lettre, dans le manuscrit de Saint-Pétersbourg, a été assez sûre d'elle-même pour ne pas hésiter, quoique postérieurement, à écrire la date de 1586?

Un seul passage, toutefois, nous paraît assez concluant pour que nous adoptions, jusqu'à nouvel ordre, l'opinion de M. de La Ferrière, et que nous rattachions ces lignes éloquentes à sa disgrâce de 1583. C'est celui où, faisant allusion au bruit qui courait à la Cour et qui avait été une des principales causes de la colère du Roi, bruit qui consistait à dire que Marguerite avait eu du beau Chanvalon un fils, connu plus tard sous le nom du capucin Frère Ange, elle s'écrie si éloquemment pour sauver son honneur : « Que j'aie quelque dame de « calité et digne de foi qui puisse durant ma vie tesmongner l'estat an quoi je « suis, et qui, après ma mort, asiste, *quant l'on m'ouverira*, pour pouvoir par la « connoissance de cete dernière imposture, faire connaitre à un chacun le sort « que l'on m'a fait par si d'avant ».

vertu et souvant resanti an moi ses esfais qui m'ont, trop plus
qu'otre eutile respait, convié de dessirer me revoir ancore jouisante
de la felisité de vostre amitié et d'estre, resue du nombre de vos
très humbles et plus fideles servantes, titre dùquel je vous suplie
très humblemant de croire, Monsigneur, que je ne seré, si par
fidele afection on s'an peut randre digne, indignement honorée,·
n'aiant an la profetion que j'ai toujours fait d'une très fidele
amitié, desmanti ce que j'ai cet honneur de vous aitre avenant, si
j'ose sans presompetion m'onorer de cete louange, retenir de vous,
mon seigneur, cete vertueuxse afection qui ne m'acompagnera
moins au très humble servise que je vous ai voué et qu'il vous
plait m'asurer avoir eu agreable qu'ele a fait an toute ma vie.
C'est une très veritable asuranse que je vous fais de ma très
humble servitude, mes il me seroit ausi malaisé d'exprimer par
escrit combien saintemant je l'observeré, comme il me seroit
difisile de vous descrire la joie et le contantemant que je resans de
la felisité de vostre bonne grase ; ausi, n'etoist l'ofise des paroles,
ce seront mes actions qui temongneront, et ma fidelité ; et ma
felisité qui depandera pour james, Monsigneur, de vostre voulonté,
regretant infinimant, puis qu'ele estoit, que je pense avoir l'heur
d'estre à vos beles noses, que mon malheur soit tel qui me rande,
an ses beles journées, privée de vostre presance qui eust esté à
mon opinion le trionfe qui m'eut aporté plus de contantemant, et
de la veue duquel je suis plus dessireuse que de tout ce qui peut an
fesre contanter et l'esperit et l'œil. Monsigneur, avecques vostre
permition, je vous baiseré très humblemant les mains (1).

(1) Comme cette lettre est humble et comme Marguerite s'abaisse devant le
Roi son frère! Comme elle se félicite d'avoir « ancore » son amitié et se
recommande à lui! C'est que les temps sont bien changés. Humiliée par le Roi
son frère, dédaignée par son mari, balottée entre eux deux pendant toute la fin
de l'année 1583 et les premiers mois de 1584, ce ne fut qu'à force d'instances et
à la suite de longues négociations auxquelles prirent part MM. de Bellièvre et
Charles de Birague pour Henry III, et Duplessis-Mornay et d'Aubigné pour le
roi de Navarre, que celui-ci consentit à reprendre sa femme et à la ramener du
Port-Sainte-Marie où eut lieu la première entrevue, le 13 avril 1584, au château
de Nérac. Les détails abondent sur cette réconciliation passagère que désirait la
Cour de France, et qui fit que Henry III pardonna à sa sœur (Voir principalement
les *Mémoires de Michel de la Hugherie*, publiés par notre savant compatriote,
M. le baron de Ruble (Société de l'Histoire de France, Paris 1878).

Monsigneur, je ne vous escris rien des aferes de ce peis, pour ce qu'ele sont toujours au mesme estast. Nous atandons Messieurs de Matignon et de Believre, et le roi mon mari et moi ne sommes ansanble, aiant esté contrins de nous separer toux pour le mauvès air, estant morte une de mes filles en ce chatau (1). Soudin que nous serons rasanblés, je ne fauderé, s'il survient quelque nouvauté, de vous an avertir.

MARGUERITE (en monogramme).

———

XXXII.

[1584. — JUIN.]

N° XIV du ms., fol. 22 a et 22 b (anc. 93).

A MONSIEUR DE VILEROI.

Monsieur de Vileroi, aiant seu de M. de Believre ce que lui escrivés de la bonne voulonté an quoi il plaît à Dieu que le Roi soit maintenant an vers moi et l'asuranse que lui donnés de vous vouloir anploier pour le lui maintenir pour l'avenir, aiant pris la hardiesse de lui faire response, comme il m'a samblé estre de mon devoir (2), j'ai pansé ne la pouvoir mieux adresser qu'à vous pour le tesmongnage que m'avés an cela desjà voulu randre de vostre bonne voulonté, de quoi je vous suplie me vouloir continuer les esfais, comme je sai qu'an avés bien le moien et que le savés faire très à propos à ceux de qui estes ami comme je me veux promectre le pouvoir esperer de vous pour les bons ofises que j'an ai resus et vous suplie croire que né nouerés jamès amitié à personne qui honore plus vostre mesrite et valeur que moi qui seré tousjours très dessireux de rechercher l'aucasion par laquele je vous puise

———

(1) Le château de Nérac, où Marguerite demeura du 13 avril, jour de la réconciliation, jusqu'au 11 août 1584, sans en sortir.

(2) Il s'agit ici de la lettre précédente que Marguerite chargea Nicolas de Neufville, sieur de Villeroi, son conseil et ami durant toutes ses nouvelles infortunes, de remettre à son frère Henry III.

tesmongner mon peu d'ingratitude et faire par esfait paroitre que je suis

Vostre milleure et plus asurée amie,

MARGUERITE.

Si je n'avois peur de vous donner trop de paine, je vous suplierois, despaichant à M. le marechal de Matignon, me vouloir escrire des nouvelles de la santé de mon frere de qui on me donne toux les jours nouvelles froieurs (1).

XXXIII.

[1584.]

Nº XXXI du ms., fol. 48 a (anc. 104).

[A LA REINE-MÈRE.]

Madame, ce m'a esté baucoup d'honneur qu'il vous ai pleu prandre la paine de m'escrire; je vous suplie très humblemant, Madame, croire que quelque misere que j'esprouve (2), je vous demeurerai toute ma vie très humble servante; ce qu'aiant prié Lagaile, presant porteur, vous asurer, je m'an remesteré, Madame, à sa sufisanse pour prier Dieu, Madame, vous donner heureuse et longue vie.

Vostre très humble et très obeissante servante, fille et sugete,

MARGUERITE.

---

(1) Ces deux lettres doivent avoir été écrites dans les premiers jours de juin 1584, alors que François de Valois tomba subitement malade. On sait qu'il mourut quelques jours après, le 11 juin 1584, « d'une pneumonie double « suppurée ». Longtemps on a soupçonné Philippe II d'avoir voulu par le poison se débarrasser de ce rival dans les Pays-Bas. Les symptômes des derniers jours, ainsi que l'autopsie qui fut faite après sa mort, enlèvent, croyons-nous, toute espèce de doute à cette accusation faussement portée contre le roi d'Espagne (Voir l'*Histoire de Philippe II*, par H. Forneron, t. III, p. 205).

(2) Lettre écrite probablement vers la même époque que les deux précédentes, c'est-à-dire en 1584. Dans ce second séjour en Gascogne, Marguerite n'a retrouvé ni la joie ni l'insouciance des années précédentes.

XXXIV.

[1585-1586.]

N° XI du ms., fol. 18 a (anc. 90). — *Du secrétaire de la main.*

[A LA REINE-MÈRE.]

Madame, le s^r de Suraine m'a dit la charge qu'il vous a pleu lui donner, qui estoit celle mesme qui vous avait pleu baller à La Roche. Je remersie très humblemant Vostre Magesté du chatau qui lui plait m'oferir. Je n'an ai, Dieu mersi, point de besoin, estant an une très bonne plase qui est à moi, asistée de beaucoup de jans d'onneur et i vivant très honorée et an toute sureté (1); et quant à ce qui vous a pleu, Madame, lui commander me dire que se n'estoit à moi à faire la gaire, s'a bien esté, Madame, à moi à me garder; aussi n'aie antrepris autre chose, mes à cela, Madame, et pour ne retonber an la puisance de ceux qui m'ont voulu oter le bien, la vie et l'onneur. Je vous suplie très humblemant croire, Madame, que je n'i espargnerai rien et que je vous demeureré, Madame, toute ma vie, sans vous randre jamès ma presance

(1) Il est évident, lorsqu'on suit pas à pas, en ces tristes années 1585, 86, 87, l'infortunée reine de Navarre, que le château auquel elle fait allusion dans cette lettre ne peut être que celui d'Ibois, « qui était une maison de la Reine-mère en « Auvergne », et que cette dernière offrit à sa fille quand elle la vit abandonnée de tout le monde. Mais retirée, depuis sa fuite d'Agen (septembre 85), dans l'imprenable forteresse de Carlat, à quinze kilomètres sud-est d'Aurillac, située dans un pays montageux et sauvage et qui, au dire de d'Aubigné, « sentait plus « la tannière du larron que la demeure d'une Reine », Marguerite se faisait encore illusion sur son sort, quand elle prenait pour « jans d'onneur » les Lignerac, les Marcé et autres aventuriers de même espèce qui l'avaient conduite en cette demeure, et qui l'y maintinrent pour mieux l'exploiter, du 30 septembre 1585 au 13 octobre 1586. C'est durant cette intervalle que fut écrite cette lettre. On sait comment à cette dernière époque, et à la suite d'aventures amoureuses et sanglantes, elle dut, poussée par les plus cruelles nécessités, accepter de force l'offre de sa mère et se réfugier en ce même château d'Ibois, près d'Issoire, où elle ne resta que du 16 au 21 octobre, pour voir retomber ensuite derrière elle, le jeudi 13 novembre et cette fois pour longtemps, les lourdes portes du château d'Usson, sa nouvelle prison.

annuieux, comme je l'ai particulieremant déclaré au s^r de Sureil (1).

Vostre très humble et très obeisante servante, fille et sugete,

MARGUERITE.

XXXV.

1595. — 9 MARS.

N° XXXV du ms., fol 53 a et 53 b (anc. 109). — *Du secrétaire de la main.*

AU ROY, MONSEGNEUR.

Monsegneur, il s'ofre une auca[si]on de reconpanser M. du Fresne de l'abeie du Mas que Vostre Majesté a trouvé bon qui demeurat à M. de Monrave; le s^r Conbetes le lui fera antandre; je suplie très humblemant Vostre Majesté l'avoir agreable et croire que rien ne m'afectionne tant à cet afaire que pour le connoître très desvotieus à vostre servise et personne qui a beaucoup de moien de vous au faire, comme M. de Viques l'ara, que je croi tesmongne à Vostre Majesté et le servise que je recherche sans saise de vous i randre conme an tout ce que j'i seré propre, j'i aporteré la mesme voulonté, ne souhetant rien o monde avec plus d'afection que les fidelles preuves que j'an veux continuer soie[n]t eutile à vostre servise et rande[n]t digne de vostre bonne grase (2).

D'Uson, ce 9 mars 1595.

Vostre très humble et très obeisante servante, fame et sugete,

MARGUERITE.

---

(1) Ce M. de Sureil ou de Suraine, comme il est dit en commençant, serait-il le M. de Suresnes, dont il est plusieurs fois question dans les *Lettres missives* (t. VIII, p. 382, 468, 496, etc.), que le roi de Navarre employa à diverses missions, notamment auprès de M. de Beuvron, pour lui ordonner de réunir des forces contre le duc de Mercœur, et qui, en 1593, était maréchal de camp de l'armée du Roi?

(2) Cette missive fait suite à la jolie lettre que M. Guessard a publiée page 314 de son ouvrage, et qui se trouve dans la collection Dupuy, t. 217, fol. 39. En échange de l'abbaye de Sainte-Cornille de Compiègne, où fut enterré Henry III, et que Henry IV donna à sa maîtresse Gabrielle d'Estrées,

XXXVI.

N° XXXIV du ms., fol. 52 a et 52 b (anc. 108). —
Expédition avec post-scriptum autographe.

A MONSIEUR LE PRESIDENT DE CHARTRES,
A CHARTRES.

La reine Marguerite recommande au sᵣ Chouaine une affaire de la dame de La Serre.

Monsieur le President, sachant le pouvoir et le rang que vous tenés parmy ceux de vostre juridiction, j'ay bien voulu vous prier d'avoir en particuliere recommandation les affaires qu'a en vostre

marquise de Monceaux, ce dont d'ailleurs l'épouse légitime se montra fort satisfaite, « ayant receu trop de plaisir que chose qui despendoit de moy aie « pu estre propre pour tesmoigner à cette honneste femme combien j'aurai « tousjours de vollonté de servir à son contentement, et combien je suis « resolue d'aimer et honorer toute ma vie ce que vous aimerez », Marguerite demande à son royal époux de confirmer la nomination qu'elle a faite de « Monsieur l'archidiacre Bertier, frère de Monsieur de Monrave, chef de mon « conseil à Toulouse, à l'évêché de Condom. » Elle fait le plus grand éloge de ce M. de Monrave, et elle ajoute : « L'abbaie du Mas-Grenier restera par ce « moien à Monsieur Defresne ». Il est probable que Henry IV n'entra pas dans les vues de sa femme, puisque dans la lettre ci-dessus, postérieure de plus d'un mois à celle déjà citée, Marguerite nous apprend « que Sa Majesté a « trouvé bon que l'abeie du Mas demeurat à M. de Monrave ». — M. de Monrave était Philippe de Bertier, frère de l'évêque de Rieux et de l'abbé de Lezat, et qui avait succédé à son père dans la charge de président à mortier au Parlement de Toulouse. — M. du Fresne pourrait bien être ce Monsieur de Fresne-Canaye, dont la personnalité encombre le recueil de Berger de Xivrey (Voir table du t. IX). — Le Mas-Grenier ou Garnier ou Mas-Verdun, aujourd'hui petite ville de seize cents habitants environ, dans le canton de Verdun-sur-Garonne, arrondissement de Castelsarrasin (Tarn-et-Garonne), consistait à cette époque en une belle abbaye bénédictine, dont l'origine était antérieure au Xᵉ siècle et dont l'église était dédiée à saint Pierre (Voir *Documents Historiques sur le Tarn-et-Garonne*, t. I, p. 232 et suiv., par M. François Moulenq).

Quant à M. de Viques, nous croyons qu'il s'agit ici, non de l'ardent ligueur qui fut l'allié du duc de Mercœur, mais bien de Dominique de Vic, gentilhomme ordinaire de la chambre du Roi et gouverneur de Saint-Denis (*Lettres missives*, t. II, p. 322). Il fut pourvu de la riche abbaye du Bec, vacante par la mort du duc d'Aumale, et mourut gouverneur de Calais et d'Amiens et vice-amiral de France, le 14 août 1610. Il ne faut pas le confondre avec son neveu, Dominique de Vic, fils de Mery de Vic, et également abbé du Bec dès 1597, plus tard archevêque d'Auch en 1629 et mort en 1661 ; car, né en 1588, ce dernier de Vic n'aurait eu que sept ans en 1595, époque où fut écrite cette lettre.

court Madame de La Serres, l'une de mes dames (1). Le service qu'elle me rend journellement près de ma personne est cause qu'elle ne peut solliciter son procès. J'espere neantmoings tant de vostre bonne justice que cella ne luy sera point prejudiciable à la conservation de son bon droict, et qu'en ma faveur vous y apporterés tout ce qui sera de vous. Ce que me promettant de vostre courtoysie accoustumée je vous feray paroistre aux occasions qui se presenteront que je suis.

(P.-S. autographe). — Je pranderé cete aucation pour vous dire que suivant ce que je vous avois promis, j'ai gardé l'ainé jusqu'à cet heure, mes il s'est si mal conporté que j'ai esté contrainte lui donner congé, de quoi j'ai pansé vous devoir avertir pour i donner l'ordre nesesaire ante lui et sa fame. Je vous prieré ausi me conserver an vostre amitié comme

Vostre plus affectionnée et fidelle amié,

MARGUERITE.

Je vous prieré ancore favorisés cete honnete fame ma dame de La Saire.

———

XXXVII.

1600. — 19 MAI.

Nᵒ XXVIII du ms., fol. 44 a et 44 b (anc. 100). — *Du secrétaire de la main.*

A MONSIEUR DE VILEROI.

Monsieur de Vileroi, si durant le besoin de mes aferes, je vous ai quelquefois ramantu mon nom par mes lettres, cete importune aucasion estant se saisé, je ne veux pour cela saiser à vous

---

(1) Dans « l'Estat des gaiges des Dames, Damoyselles, gentilshommes et autres « offisiers de la royne de Navarre » pour les années 1578, 79, 80, 81, 82, 83, 84, 85, 86, c'est-à-dire pendant tout son séjour en Gascogne, nous ne trouvons nulle part mentionné le nom de Mᵐᵉ de La Serre. Ce n'est donc que dans les dernières années de sa vie, d'Usson ou plutôt même de Paris, que cette lettre doit avoir été écrite.

continuer les asuranses de l'amitié que je vous et vouée et à
quoi vos mesrites et vos bons ofises m'oblige[n]t doublemant
que je soie donc si heureuse qu'an faciés estast comme de celle
de toutes vos amies, de quoi pouvés plus disposer. Je me promes
que, les sugès s'an presantant, vous tienderé Sa Majesté asurée
de ma très humble obeisans et inmuable fidelité, an [laquelle]
je vous randeré tousjours très veritable et tienderé pour très
fortunée pour moi l'ocasion que me donnera moien de me faire
paroitre an quelque digne esfait (1).

D'Uson, ce 19 mai 1600.

Vostre très afectionnée et plus fidelle amie,

MARGUERITE.

XXXVIII.

[1606. — AVRIL.]

N° XXXIII du ms., fol. 51 a et 51 b (anc. 107), — *Du secrétaire de la main.*

A MONSIEUR DE VILEROI.

Monsieur de Vileroi, comme je n'eus jamès une plus grant joie
que de la nouvelle de l'heureux esfait de Cedan (2), ausi de toux
les servises que vous avés randus au Roi et à cet estat, je n'an
estime neul plus grant que cet heureux acort que vostre prudanse

(1) Dès cette époque, et surtout depuis qu'elle a consenti au divorce réclamé
par Henry IV et prononcé le 17 décembre 1599, Marguerite cherche à rentrer
à Paris. Aussi s'empresse-t-elle, pour obtenir cette faveur, de saisir toutes les
occasions qui se présentent de servir le roi de France et de se rappeler à lui.
C'est ainsi qu'elle emploie les bons offices de M. de Villeroi.

(2) L'Estoile nous apprend que « le mardi 4 avril (1606), furent apportées
« les nouvelles à Paris de la reduction de la ville de Sedan et accord du duc
« de Bouillon ». Il nous dit aussi comment, en son style particulier, Henry IV
annonça cette bonne nouvelle à la princesse d'Orange : « Ma cousine, je dirai,
« comme fit César : *veni, vidi, vici,* ou comme la chanson : trois jours durèrent
« mes amours et se finirent en trois jours, tant j'étais amoureux de Sedan ! »
(Voir coll. Dupuy, t. 217, fol. 149, et, dans Guessard, p. 401, la lettre de féli-
citations que Marguerite adressa, le 5 avril 1606, « au Roy, son seigneur et
« frère »).

a fait à la gloire du Roi et asuranse et repos de cet estast, esfait si signalé que du tans des ansiens il l'eut mesrité plus que setatues et couronnes. Je partisipe trop à l'obligation que le Roi et la Franse vous an ont et vous suis trop amie pour me pouvoir retenir de m'an resjouir avec vous par cete si, atandant que j'aie le bien de vous voir, ce que je desire infinimant, an aiant esté anpaichée despuis vostre maladie par les mienes qui m'ont presque tous-jours tenue au lit, tant que j'ai esté an cete malheureuse mason où j'estois, où il m'est avenu cet estrange actidant qu'arés antandu d'un de mes jantisommes qui a esté asasiné an ma presanse par un fils de Madame de Noiremond (1), de quoi j'ai à randre mes humbles grases au Roi de la justise qui m'an a esté faite (2), et pour se qui la acusé sa mère et ses frères, tant pour l'asasinat que pour le caractere de magie que l'on lui a trouvé, par lequel il l'a dit avoir parlé au desmon et qu'à cete cause la justis les a banis pour la sureté de ma vie, je vous suplie m'obliger tant de faire que le Roi conmande an pront que ce banisemant soit exsecuté, comme je le requiers à Sa Majesté par ma lettre (3).

(1) On doit lire, croyons-nous, « Vermont ». C'est ainsi, du reste, que ce nom est écrit par Guessard, et, après lui, par tous ceux qui, s'occupant de la reine Marguerite, ont parlé de cette affaire.

(2) Il est triste, quand l'âge des amours est irrévocablement passé, d'avoir à enregistrer encore dans la vie de la reine Marguerite une de ces folies comme celle dont il est question dans cette lettre. Rentrée à Paris le 19 juillet 1605, elle s'installa d'abord dans ce qu'elle appelait sa « maison de Boulongne » et qui n'était autre que le château de Madrid, près Paris. Mais bientôt elle quitta cette résidence, et, dès la fin de décembre de cette même année, elle vint habiter l'hôtel des Évêques de Sens, près l'Hôtel de Ville. C'est là que se passa, trois mois après, le drame en question. Laissons plutôt parler l'Estoile, qui nous en donne tous les détails : « Le mercredi 5 (avril 1606) fut tué à Paris un gen-
« tilhomme, favori de la reine Marguerite, par un autre gentilhomme agé de dix
« huit ans seulement, qui le tua d'un coup de pistolet, tout joignant la Reine.
« Le meurtri se nommait Saint-Julien, lequel ladite Reine aimait passion-
« nement ; et, pour ce, jura de ne boire ni manger qu'elle n'en eust vu faire
« la justice ; comme aussi, dès le lendemain, il eust la teste tranchée devant
« son logis, qui estoit l'hostel de Sens, où elle assista ; et, dès la nuit même,
« toute effrayée, en deslogea et le quitta avec protestation de jamais n'y
« rentrer, etc. ».

(3) Cette lettre n'a point été publiée, croyons-nous. Mais, en revanche, Guessard reproduit, p. 410, une autre lettre de Marguerite, également d'avril 1606, à M. de Loménie, où, poursuivant avec acharnement la famille du meurtrier, elle lui rappelle que : « J'ay rendu très humblement graces au Roy de la justice

Et croiés que n'afectionnerés jamès la conservation de personne
qui vous honore tant et vous ait voué tant d'amitié que

Vostre très afectionnée et très fidele amie,

MARGUERITE.

XXXIX.

[1606.]

Nᵒ XXXII du ms., fol. 49 a et 49 b (anc. 105) et 50 a et 50 b (anc. 106).

[A MONSIEUR DE VILEROI].

Monsieur de Vileroi, je vous suplie trouver bon que j'ai recours
à vous, comme à mon melleur et plus ansien ami (1) et me vouloir
asister à ce que l'on ne me prive du bienfait qu'il a pleu au Roi
m'acorder si librement lors qu'il pleut à Sa Majesté agreer le don
que j'ai fait à M. le Daufin qui feut de m'acorder l'esdit des
vicontés, tant pour les frès de mon voiage que pour faire mon
esquipage, l'ecurie et tout ce qui m'estoit nesesaire, tant pour ma
personne que pour mon train, et meubler ma maison de Boulongne
et celle de Paris, auquelle j'ai borné toute mon ambition; et me

« qui en a esté faicte. Je le supplie, pour l'asseurance de ma vie que ces
« meschantes personnes menacent encore, qu'il plaise à Sa Majesté conmander
« au prevost, monsieur Jouy, d'executer l'arrest de bannissement et luy faire
« commander de s'en aller à l'abbaye qu'elle a de moi qui est le seul bien que
« leur bon mesnage leur a laissé, etc. ».

(1) C'est toujours « à son melleur et plus ancien ami » M. de Villeroi, alors
secrétaire d'État, que Marguerite écrit cette longue lettre, où elle lui expose le
mauvais état de ses affaires et le prie d'intercéder pour elle en haut lieu. On
sait que lorsqu'elle eut gagné, par arrêt du 30 mai 1606, son procès contre
Charles de Valois, comte d'Auvergne, et qu'elle fut mise en pleine et entière
possession de tous ses biens, elle s'empressa fort généreusement d'en faire
donation au Dauphin « à condition que ces biens seraient unis au domaine et ne
« pourraient être aliénés en quelque cas et sur quelque pretexte que ce fût ».
Disons même que si dès le début elle s'en réserva l'usufruit, elle ne tarda pas à
les céder entièrement pour une assez forte pension. C'est à quoi elle fait allusion
dans cette dernière lettre, postérieure par conséquent à la première moitié de
l'année 1606.

donnoit Sa Majesté cet esdit là, pour ce que que pour subvenir à ses choses si nesesaires, je ne pouvois plus ni vandre ni angager de mon bien, et qu'estimant se peu de servise que je lui ai randu par ma venue, plus qu'il ne mesritet, Sa Majesté vouloit que je paruse selon ma calité. De cet esdit des vicontés, je trouvé des lors partisans qui m'an promire[n]t sant mil escus; j'ai despuis esté un an à le faire poursuivre avec extrême despanses et les interais courent de ceux qui m'ont prêté sous cete esperanse; et pour me meubler et pour acheter sis ou sept maieons contenues an 53 toises ou est bornée toute mon anbision pour i batir une maison pour le reste de mes jours : quant j'ai suplié Sa Majesté de m'en faire jouir, il me fit cet honneur de me dire qu'il vouloit que j'euse ou cet esdit ou la valeur que j'an trouvois sur les expedians qu'il avoit resolu avec M. le garde des seaux et que il faulloit avoir les ouvertures que feroit les presidans de Roan et les volontés; leurs propositions ont esté de quatre esdis, l'un d'un sou pour presentation, le petit seau acru d'un sou, de deux aseseurs an chaque viconté (sic) et contreroleur des titres. De tout cesi ce ne sont que des carations, fors que le conteroleur des titres, tous les quès 4 toux ansanble ne reviendroit pas à ma somme, sans l'aide des vicontes qui ofrent trante mil escus, qui disent bien quarante mil, mes i reprennent desus 20 mil frans pour les frais des voiages des presidans ou d'eux, et dix mile frans pour faire faire les verifications; et par ce moien, leur ofre ne revient qu'à trante mil escus, lesquels pour m'estre asurés, car je ne veux avoir afaire à tels Normans, de quoi j'ai desjà esprouvé l'humeur, ils ont trué partisans solvable et asurés qui font parti tant des catre esdis ou desclarations susdites que de leur trante mil escus, et me balle[n]t trante mil escus contant, et des soisant et dis mil s'an oblige[n]t à ceux de qui j'ai anprunté l'arjant pour avoir la susdite plase de ma... et aux marchans qui m'ont fourni de puis un an que jé poursuis à don le susdis meubles et choses neseses pour ma personne, mon train et me deux maisons de Paris et Boulongne. Voila la condision seule asurée que je puis desirer et dont je requiers très humblemant le Roi de commander pour cet esfait aux presidans de paser ses catre esdis ou desclarations, à quoi ils sont toux disposés et que le parti avec les 30,000 csc des vicontes s'an fase aux conditions susdites de que les partisans me balle[n]t trante mil escus contans et s'oblige[n]t aus soisante et dix mil, autant qui m'ont promis, et si les esdis vale[n]t davantage, ils ofre[n]t d'an conter et baller le surplus au Roi. Je vous suplie m'obliger tant de faire voir cete lettre à Sa Majesté, ou le lui faire antandre et croire que si une extreme nesesité ne me forsoit, je n'an inportunerois ni Sa Majesté, ni vous, comme sesi, et que vous tirés de paine une personne toute neuve au servise de Leurs Majestés et à vous honorer comme

Vostre très afectionnée et très fidele amie,

MARGUERITE.

ITINÉRAIRE DE MARGUERITE

1579.

Nérac, septembre, octobre, novembre.
Nérac, 28 décembre.

1580.

Nérac, 27 janvier.
Nérac, 3 mars.
Nérac, avril, mai, juin.
Fleix, novembre.
Coutras, 1er-31 décembre.

1581.

Cadillac, 12 mars.
Coutras, 25 avril.
Bagnères-de-Bigorre, 7-25 juin.
Nérac, 3 juillet-31 décembre.

1584.

Nérac, 13 avril-11 août.

1585.

Agen, 19 mars-24 septembre.
Carlat, 30 septembre-31 décembre.

1586.

Carlat, 1er janvier-13 octobre.
Ibois, 16-21 octobre.
Usson, 13 novembre-31 décembre.

1595.

Usson, 9 mars.

1600.

Usson, 19 mai.

1606.

Paris, 5 avril.

TABLE ANALYTIQUE

pour ce crime, à l'instance de la reine de Navarre, 43, 44.

V

FIN.

AUCH. — IMPRIMERIE COCHARAUX FRÈRES, RUE DE LORRAINE. — 5-86.